पुस्तक की प्रशंसा में

"यह पुस्तक मानसिक अशांति के लिए वही प्रभाव छोड़ती है जो मैरी कोंडो ने घर की अव्यवस्था के लिए पैदा किया था।"

—*पब्लिशर्स वीकली*

"इस पुस्तक का शीर्षक भी अपनी ओर आकर्षित करता है। ऐसे अनेक कारण हैं कि एक ज़ेन भिक्षु आजीवन विवेक पा सकता है - जिनमें से न्यूनतम मेरी निजी उन्नति से जुड़ा है - परंतु इसके साथ ही मैं इसके लिए आभारी भी हूँ।"

—एस्टेल टैंग, *एल डॉट कॉम*

"सौ छोटी ज़ेन गतिविधियों के बल पर आप अपने जीवन में और अधिक शांति ला सकते हैं... यह पुस्तक दिन-प्रतिदिन के जीवन में ज़ेन बौद्ध धर्म की भावना को प्रकट करती है।"

—*डेली टेलीग्राफ़* (लंदन)

"शक्तिशाली... एक बहुत ही गहरा और सुंदर काम, पढ़ने में सरल, प्रेरक व गहन विचार और मनन, परंतु इससे भी महत्त्वपूर्ण, यह पुस्तक ज़ेन कार्यों के लिए व्यवहारिक मार्गदर्शक का कार्य करती है।"

—*द जापान टाइम्स*

"इस अंतरराष्ट्रीय बेस्टसेलर ने दुनिया भर के लोगों को उनके रोज़मर्रा के जीवन के कोलाहल व तनाव को घटाने और जीवन को सराहने का अवसर दिया है... मसुनो के टिप्स को लागू करना सरल है... उन्होंने इस प्रेरक गाइड के माध्यम से दिखाया है कि आप निजी विकास के पथ पर जो भी क़दम रखते हैं, चाहे वह कितना भी छोटा क्यों नहीं हो, इसका आप पर गहरा असर हो सकता है।"

—*बुक पेज*

"शुनम्यो मसुनो के सादे और प्रासंगिक अभ्यास बहुत ही सहज सरलता के बीच दिग्भ्रांत लोगों को राह दिखाते हैं, मानो यह किसी गहन परिचय की ऊष्मा हो।"

—सारा विल्सन, *न्यू यॉर्क टाइम्स* बेस्टसेलिंग लेखिका *फ़र्स्ट,*
वी मेक द बीस्ट ब्यूटीफुल

"हमारा मन चौंकाने वाली ख़बरों और ध्यान खींचने वाले एप्स के डोपामाइन युद्ध के बीच तड़प रहा है। यह पुस्तक लपटों पर पानी से भरे पात्र की तरह है।"

—नील पसरीचा, *न्यू यॉर्क टाइम्स* बेस्टसेलिंग लेखक,
द बुक ऑफ़ ऑसम और *द हैप्पीनेस इक्वेशन*

"मुझे यह किताब प्रिय है। ये छोटे ज़ेन अभ्यास आपके जीवन में गहरी शांति ला सकते हैं।"

—फ्रेंसीन जे, *न्यू यॉर्क टाइम्स* बेस्टसेलिंग
लेखक *द जॉय ऑफ़ लेस* और *लाइटली*

"अनेक वर्ष हुए मैंने अपने पास पर्स नहीं रखा, पर इस किताब को देख कर लगता है कि काश! ऐसा करती, ताकि इसे हमेशा अपने साथ रख पाती।"

—केट फ़्लैंडर्स, बेस्टसेलिंग लेखिका *द ईयर ऑफ़ लेस*

"मुझे यह किताब पसंद है। आसानी से प्रयुक्त होने वाली प्रेरक सलाह और प्यारे किस्से उन छोटी बातों पर रोशनी डालते हैं जो आपके मन की शांति पर गहरा असर डाल सकती हैं। यह आपके रोज़मर्रा के जीवन में आनंददायक क्षण लाएगी।"

—जेम्स वॉलमैन, बेस्टसेलिंग लेखक *स्टफ़ोकेशन*

"यह पुस्तक उन सबके लिए एक प्रेरक और सच्चा साथी है जो मन की आंतरिक शांति को बढ़ाना चाहते हों।"

—जोगछेन पोनलोप रिनपोचे, *इमोशनल रेस्क्यू* और
रिबेल बुद्धा के लेखक

"यह नन्हा सा ख़ज़ाना तो हर बिस्तर के पास रखा होना चाहिए।"

—ऐलन लोकोस, संस्थापक व मार्गदर्शक अध्यापक,
कम्युनिटी मेडिटेशन सेंटर, एनवाईसी,
थ्रू द फ़्लेम्स, पेशेंस व *पॉकेट पीस* के लेखक

लेखक परिचय

सरल जीवन जीने की कला

शुनम्यो मसुनो, जापान के साढ़े चार सौ वर्ष प्राचीन एक ज़ेन बौद्ध मठ के प्रमुख भिक्षु हैं। वे एक पुरस्कार-प्राप्त ज़ेन गार्डन डिज़ाइनर हैं, जिनके दुनिया भर में अनेक ग्राहक हैं। वे जापान के शीर्षस्थ आर्ट स्कूलों में से एक में एन्वायरन्मेंटल डिज़ाइन प्रोफ़ेसर के पद पर भी नियुक्त हैं। उन्होंने अनेक विश्वविद्यालयों व संस्थानों में अपने व्याख्यान प्रस्तुत किए हैं जिनमें हार्वर्ड ग्रैजुएट स्कूल ऑफ़ डिज़ाइन, कॉरनेल यूनिवर्सिटी और ब्राउन यूनिवर्सिटी भी सम्मिलित हैं।

ज़ेन

सरल जीवन जीने की कला

शुनम्यो मसुनो

अनुवाद : रचना भोला 'यामिनी'

MANJUL
मंजुल पब्लिशिंग हाउस

MANJUL

मंजुल पब्लिशिंग हाउस

कॉरपोरेट एवं संपादकीय कार्यालय

• द्वितीय तल, उषा प्रीत कॉम्प्लेक्स, 42 मालवीय नगर, भोपाल-462 003

विक्रय एवं विपणन कार्यालय

• सी-16, सेक्टर 3, नोएडा, उत्तर प्रदेश, 201301

वेबसाइट : www.manjulindia.com

वितरण केन्द्र

अहमदाबाद, बेंगलुरू, कोच्चि, कोलकाता, चेन्नई,
हैदराबाद, मुम्बई, नई दिल्ली, पुणे

Hindi translation of *Zen: The Art of Simple Living* by *Shunmyo Masuno*

This edition published by arrangement with Penguin Books, an imprint of Penguin Publishing Group, a division of Penguin Random House LLC and in conjunction with Mikasa-Shobo Publishers Co., Ltd., Tokyo c/o Tuttle-Mori Agency, Inc., Tokyo

यह हिन्दी संस्करण 2021 में पहली बार प्रकाशित
तृतीय आवृत्ति 2025

ISBN 978-93-90924-23-3

अनुवाद : रचना भोला 'यामिनी'
कवर डिज़ाइन : सोनाली ज़ोहरा
चित्रांकन : हैरियट ली-मेरियन

मुद्रण व जिल्दसाज़ी : थॉमसन प्रेस (इंडिया) लिमिटेड

अनुक्रम

खण्ड - II

जीने के साहस व विश्वास की प्रेरणा पाने के तीस उपाय

अपने बोध में बदलाव लाने का प्रयत्न करें

खण्ड - III

चिंता और भ्रम को दूर करने के बीस उपाय

आप दूसरों से कैसे पेश आते हैं, इसमें बदलाव लाने की कोशिश करें

खण्ड - IV

किसी भी दिन को बेहतर बनाने के बीस उपाय

अपने ध्यान को वर्तमान क्षण पर केंद्रित करने का प्रयत्न करें

प्रस्तावना

आपकी आदतों और नज़रिए में बस छोटे से बदलाव।
आपको एक सरल जीवन जीने के लिए यही चाहिए।

आप किसी प्राचीन नगर के मठ या तीर्थस्थल में जाते हैं, और उनके शांत बगीचों की ओर देखते हैं।

आप किसी पहाड़ की कठिन चढ़ाई पूरी कर ऊपर तक पहुँचते हैं, और शिखर से सारे नज़ारे का आनंद लेते हैं।

आप चमचमाते नीले सागर के सामने खड़े हो कर, दूर क्षितिज को निहारते हैं।

क्या आपने इस तरह की तरोताज़गी का अनुभव पाया है, ऐसे असाधारण क्षणों को अनुभव किया है, जब आप दैनिक जीवन की आपाधापी से दूर होते हैं?

आपका मन हल्का महसूस करता है और पूरे शरीर में ऊर्जा की लहर दौड़ जाती है। एक ही झटके में रोज़मर्रा की चिंताओं और तनाव का सफ़ाया होता है और आप स्वयं को उस एक क्षण में जीवंत महसूस कर सकते हैं।

आजकल, बहुत से लोग उलझन में हैं - वे इसी चिंता में उलझे हैं कि उन्हें अपना जीवन कैसे जीना है। वे अपने मानसिक संतुलन को साधने के लिए बाहरी तौर पर कुछ खोजते हैं।

परंतु। फिर भी।

अगर आप एक बार सब साध भी लें, तब भी असाधारण आपके दैनिक जीवन से बाहर ही रहता है। जब आप अपने नियमित जीवन की ओर वापस आते हैं, तो तनाव जमा हो कर, फिर से आपके मन को भटका देता है। आप फिर से बोझ के तले दबा हुआ महसूस करते हैं, आप फिर से किसी असाधारण की तलाश करने लगते हैं। क्या यह अंतहीन चक्र सुनने में जाना-पहचाना नहीं लगता?

भले ही आप जीवन की जटिलताओं के लिए कितना भी उलाहना क्यों नहीं दें, संसार को बदलना आसान काम नहीं है।

अगर संसार आपके अनुसार नहीं बदलना चाहता तो बेहतर होगा कि आप स्वयं को ही बदल लें।

तब आप जिस भी संसार का सामना करेंगे, आप पूरी सहजता से इससे पार हो सकेंगे।

कुछ असाधारण पाने की चाह में भटकने के बजाए, अगर आपको अपने नियमित रोज़मर्रा के जीवन में थोड़े से बदलावों के साथ एक कहीं अधिक बेपरवाह जीवन जीने को मिल सके?

यह किताब यही है - सादा जीवन, ज़ेन शैली।

अपनी जीवनशैली में बदलाव लाना कठिन नहीं होता।

आपकी आदतों में थोड़ा सा परिवर्तन। आपके नज़रिए में ज़रा सा बदलाव।

आपको जापान की प्राचीन राजधानियों क्योटो या नारा जाने की आवश्यकता नहीं है; आपको फूजी पर्वत पर चढ़ने की आवश्यकता नहीं है; और आपको सागर किनारे निवास करने की आवश्यकता नहीं है। सचमुच, बहुत थोड़े से बदलावों के साथ आप अपने जीवन में असाधारण का आनंद ले सकते हैं।

मैं आपको सिखाऊँगा कि आप ज़ेन की सहायता से यह सब कैसे संभव कर सकते हैं।

ज़ेन उन्हीं शिक्षाओं के मेल से बना है, जो बुनियादी तौर पर मनुष्यों के संसार में रहने के बारे में हैं।

दूसरे शब्दों में, ज़ेन एक प्रसन्नतापूर्ण जीवन जीने के लिए आदतों, उपायों और संकेतों के बारे में है। एक ख़ज़ाना, जो आपके लिए सरल और सादा जीवन विवेक प्रस्तुत करता है।

जेन शिक्षा को चार चरणों की श्रंखला से दर्शाया जाता है जिसका अर्थ है, अनिवार्यतः "आध्यात्मिक जागरण सूत्रों से बाहर अंतरित होता है; शब्दों व वर्णों के माध्यम से इसका अनुभव नहीं कर सकते; ज़ेन प्रत्यक्ष रूप से मनुष्य के मन को निर्देशित करता है, और आपको इस योग्य बनाता है कि आप अपनी सच्ची प्रकृति को देखते हुए, बुद्धत्व प्राप्त कर सकें।" लिखित या बोले गए शब्दों पर केंद्रित होने के स्थान पर, हमें अपने अस्तित्व का सामना इसी तरह करना चाहिए मानो वह अभी और यहीं हो।

दूसरों के मूल्यों के आधार पर भटकने से बचें, अनावश्यक चिंताओं से बचें, एक अनंत रूप से सरल जीवन व्यतीत करें, व्यर्थ चीज़ों को बाहर करते चलें। यही "ज़ेन शैली" है।

जब आप एक बार इन आदतों को अपना लेंगे तो आपकी सारी चिंताओं का अंत होगा। मैं आपसे वादा करता हूँ कि ये आदतें अपने-आप में बहुत ही सरल हैं।

यह संसार कितना जटिल है, उसे देखते हुए ही ज़ेन जीने के लिए ऐसे सरल उपाय देता है।

आजकल, ज़ेन पर अधिक से अधिक ध्यान दिया जाने लगा है, ऐसा ना केवल जापान बल्कि पूरे संसार में हो रहा है।

मैं एक ज़ेन मठ का प्रमुख भिक्षु हूँ और एक ज़ेन गार्डन डिज़ाइनर के रूप में काम भी करता हूँ - मैं ना केवल ज़ेन मठ बल्कि होटल, विदेशी दूतावासों आदि स्थानों के लिए भी बगीचे डिज़ाइन तैयार करता हूँ। ज़ेन

बगीचे केवल जापानी लोगों के लिए नहीं हैं - वे किसी भी धर्म या राष्ट्रीयता से परे हैं और पश्चिमवासियों के हृदय भी मोह सकते हैं।

ज़ेन के विचार पर मुँह बनाने के बजाए, इनके किसी एक बगीचे में एक बार खड़े हो कर देखें। यह आपके मन और आत्मा को तरोताज़ा कर सकता है। आपके मन में उठ रहा कोलाहल और हलचल अचानक ही शांत हो कर स्थिर होंगे।

मैंने पाया कि दर्शन को व्यक्त करने वाले अनेक ग्रंथों की तुलना में, ज़ेन बगीचा इसकी अवधारणाओं को कहीं बेहतर तरीक़े से अभिव्यक्त कर सकता है।

यही कारण है कि मैंने इस पुस्तक को व्यावहारिक बनाने का प्रयास किया है। केवल ज़ेन को बौद्धिक तौर पर समझने के बजाए, आशा करता हूँ कि आप इस पुस्तक के अभ्यासों को अपने प्रशिक्षण के रूप में लेंगे।

इस पुस्तक को अपने साथ रखें और जब भी चिंता और तनाव सिर उठाने लगें, तो इसके पृष्ठ पलटें।

आप जो उत्तर खोज रहे हैं, वे आपको इनके भीतर ही मिलेंगे।

— गाशो

शुनम्यो मसुनो

खण्ड - I

आपके "वर्तमान स्व" को ऊर्जान्वित करने के तीस उपाय

अपनी आदतों में एक सूक्ष्म बदलाव लाने का प्रयत्न करें

1

ख़ालीपन के लिए थोड़ा समय निकालें

पहले, अपना निरीक्षण करें

आप जैसे भी हों, बस अपने साथ रहें, परंतु बिना किसी जल्दबाज़ी के, बिना किसी अधीरता के

हमारे रोज़मर्रा के जीवन में, क्या हमारे पास शून्य के बारे में विचार करने का समय है?

मेरा मानना है कि अधिकतर लोग यही कहेंगे, "मेरे पास ऐसा करने के लिए एक क्षण भी नहीं है।"

हमारे पास अपने काम और जीवन में बाक़ी सभी चीज़ों के कारण समय की कमी है। आधुनिक जीवन पहले से कहीं अधिक व्यस्त है। सभी दिन, हर दिन, हम अपनी ओर से वही सब पूरा करने का यत्न करते हैं, जो किया जाना चाहिए।

अगर हम स्वयं को इस तरह की दिनचर्या में मग्न कर देते हैं, अवचेतन परंतु अनिवार्य रूप से, हम अपने ही सच्चे स्वरूप से दूर हो जाते हैं और सच्ची प्रसन्नता कहीं नहीं रहती।

किसी भी दिन, आपको अपने लिए केवल दस मिनट की आवश्यकता होगी। शून्यता या ख़ालीपन के लिए समय निकालें और उस समय किसी चीज़ के बारे में नहीं सोचें। बस अपने को शुद्ध करें और आसपास की वस्तुओं पर ध्यान नहीं दें।

उस समय आपके मन में कई तरह के विचार आएँगे, परंतु उन्हें एक-एक कर विदा देने का प्रयास करें। जब आप ऐसा करेंगे तो आप वर्तमान क्षण को महसूस करने लगेंगे। प्रकृति के उस सूक्ष्म बदलाव को समझने लगेंगे जो आपको जीवंत रखता है। जब दूसरी बातों से आपका ध्यान नहीं भटकता, तो आपका विशुद्ध और ईमानदार स्व प्रकट हो सकता है। किसी चीज़ के बारे में नहीं सोचने के लिए समय निकालें। यही एक सरल जीवन जीने व रचने की दिशा में पहला क़दम होगा।

2

पंद्रह मिनट जल्दी उठें

जब आपके दिल में कोई जगह नहीं हो,
उस समय के लिए विधि

किस तरह व्यस्त रहने से आप अपना दिल खो देते हैं

जब हमारे पास समय की कमी होती है, तो यही अभाव हमारे हृदय तक भी पहुँच जाता है। हम स्वचालित रूप से कहते हैं, "मैं व्यस्त हूँ - मेरे पास समय नहीं है।" जब हम ऐसा महसूस करते हैं तो हमारा मन और ज़्यादा हड़बड़ाहट महसूस करता है।

परंतु क्या हम सचमुच इतने व्यस्त हैं? क्या हम ही स्वयं को इस जल्दबाज़ी की ओर धकेल रहे हैं?

जापानी भाषा में, "व्यस्त" शब्द को "पराजय" व "हृदय" के प्रतीकों के साथ लिखा जाता है।

हम इसलिए व्यस्त नहीं हैं क्योंकि हमारे पास भरपूर समय नहीं है। हम व्यस्त हैं क्योंकि हमारे दिल में जगह नहीं है।

विशेष रूप से, जब काम की अफरा-तफरी मची हो, तो रोज़ उठने के समय से पंद्रह मिनट पहले उठने की चेष्टा करें। अपनी रीढ़ की हड्डी सीधी करते हुए, अपनी नाभि के ठीक नीचे से धीमी श्वास लें - यह बिंदु पेट के निचले हिस्से पर है। जब आपकी श्वास सही तरह से व्यवस्थित हो जाएगी, तो आपका मन भी सहज भाव से उसी तरह स्थिरता में आ जाएगा

फिर, जब आप अपनी चाय या कॉफ़ी का प्याला लिए हुए हों, तो खिड़की से बाहर सूर्य को देखें। नन्हे पक्षियों की चहचहाहट सुनने की कोशिश करें।

कितना अनूठा - इस तरह आप अपने मन में स्थान बना लेते हैं। पंद्रह मिनट पहले उठने से आप जादुई रूप से स्वयं को व्यस्तता से मुक्त कर सकते हैं।

3

सुबह की हवा का आनंद लें

एक भिक्षु के दीर्घकालीन जीवन का रहस्य
यहाँ पाया जाता है

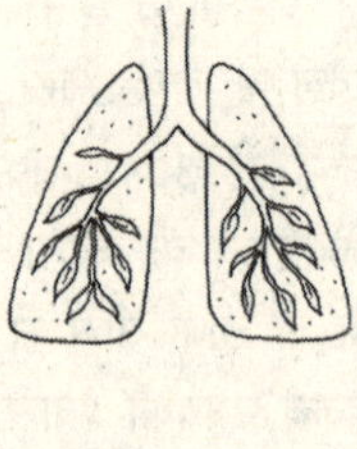

प्रत्येक दिन एक सा नहीं है

कहते हैं कि ज़ेन का अभ्यास करने वाले बौद्ध भिक्षु लंबा जीवन जीते हैं।

निःसंदेह, आहार और श्वसन तकनीकें सहयोगी हैं, परंतु मेरा मानना है कि एक व्यवस्थित और नियमित जीवनशैली, आध्यात्मिक और भौतिक रूप से सकारात्मक प्रभाव छोड़ती है।

मैं सुबह पाँच बजे सो कर उठता हूँ और सबसे पहले, सुबह की ताज़ी हवा से अपने फेफड़ों को भरने का काम करता हूँ। जब मैं मठ के प्रमुख कक्ष, स्वागत कक्ष और भिक्षुओं के कमरों की ओर से निकलते हुए, बरसात से बचने के किवाड़ों को खोलता हूँ, तो मेरा शरीर ऋतुओं के बदलाव को अनुभव करता है। सुबह साढ़े छह बजे, मैं ग्रंथों का जाप करते हुए बौद्ध पूजन करता हूँ और इसके बाद नाश्ता करता हूँ। इसके बाद, उस दिन के नियत काम पूरे किए जाते हैं।

प्रतिदिन यही प्रक्रिया दोहराई जाती है, परंतु प्रत्येक दिन एक सा नहीं होता। सुबह की हवा का स्वाद, वह क्षण जब सुबह के सूर्य की किरणें आती हैं, गालों पर हवा का स्पर्श, आसमान का रंग और पेड़ों की पत्तियाँ - सब कुछ लगातार बदल रहा है। सुबह ही वह समय है, जब आप पूरी तरह से इन अनुभवों को पा सकते हैं।

यही वजह है कि भिक्षु भोर से पूर्व ज़ाज़ेन ध्यान करना पसंद करते हैं, ताकि वे प्रकृति में हो रहे इन परिवर्तनों को भौतिक रूप से अनुभव कर सकें।

दिन के पहले ज़ाज़ेन ध्यान, *क्योटेन* ज़ाज़ेन - सुबह के ज़ाज़ेन के साथ - हम सुबह की सुंदर ताज़ी हवा में साँस ले कर अपने तन और मन को पोषण देते हैं।

4

जब भी जूते उतारें तो उन्हें कतार में सहेजें

इससे आपका जीवन सुंदर होगा

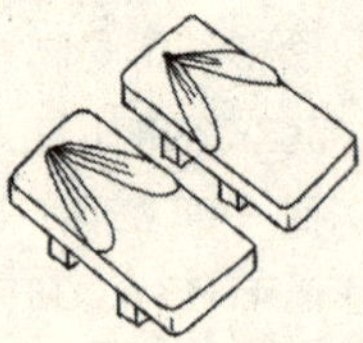

आपके मन की अव्यवस्था आपके पैरों में दिखती है

जाने कब से यह कहा जाता रहा है कि आप किसी घर के प्रवेश कक्ष को देख कर उसके बारे में बहुत कुछ जान सकते हैं, विशेष तौर पर यह जापानी घरों के लिए कहा जाता है जहाँ हम भीतर जाने से पूर्व अपने जूते बाहर उतारते हैं - वे सभी जूते एक पंक्ति में सहेजे गए हैं या वे इधर-उधर बिखरे हुए हैं - आप केवल इसी एक चीज़ को देख कर, उस घर में रहने वालों की मानसिक दशा का अनुमान लगा सकते हैं।

ज़ेन बौद्ध धर्म में, हम एक कहावत कहते हैं, "आपके पैर के नीचे क्या है, सावधानी से देखें।" इसका एक शाब्दिक अर्थ है, परंतु इससे यह भी पता चलता है कि जो लोग अपने क़दमों पर ध्यान नहीं देते, वे यह नहीं जान सकते कि उनका जीवन किस ओर जा रहा है। यह भले ही सुनने में अति जैसा लगे, परंतु यह छोटी सी बात भी आपके जीने के तरीक़े को उल्लेखनीय रूप से प्रभावित कर सकती है।

जब आप घर आएँ, तो अपने जूते उतार कर, प्रवेश द्वार के पास सफ़ाई से रखें। केवल यही एक बात। इसमें केवल तीन सेकेंड लगेंगे।

केवल इस एक आदत को अपनाने से आपके जीवन में सब कुछ पहले से कहीं स्पष्ट, प्रखर और सुव्यवस्थित हो जाएगा। यह आपके जीवन को सुंदर बना देगा। यही मनुष्य की प्रकृति है।

जब आप अपने जूते एक पंक्ति में रख रहे हैं तो आप उस ओर अगला क़दम रख रहे हैं, जहाँ आप जा रहे हैं।

5

जो नहीं चाहिए, उसे त्याग दें

इससे आपका मन तरोताज़ा हो जाएगा

नई चीज़ें लेने से पहले पुरानी वस्तुएँ त्याग दें

जब सब कुछ सही तरह से नहीं चल रहा हो, तो हमें लगने लगता है कि हमारे जीवन में कोई कमी आ रही है। परंतु यदि हम अपने ताज़ा हालात में बदलाव लाना चाहते हैं तो हमें कुछ नया पाने से पहले, किसी पुरानी चीज़ का त्याग करना होगा। यह सरल जीवन का बुनियादी नियम है।

अपने मोह त्याग दें। अपनी धारणाओं से मुक्त हों। अपनी वस्तुओं का संग्रह कम करें। सरल जीवन जीने का अर्थ यह भी है कि आप अपना भौतिक और मानसिक भार कम करें।

यह भी कमाल की बात है कि हम अच्छी तरह रोने के बाद कितना तरोताज़ा महसूस करते हैं, रोने से दिल का भार हल्का हो जाता है। आप फिर से आज़माने के लिए ऊर्जान्वित महसूस करते हैं। जापानी में "प्रबुद्ध मन" को विशुद्ध मन के वर्णों के साथ दिखाया जाता है - मैंने सदा महसूस किया है कि यह "शुद्ध मन," आत्मा की तरोताज़गी की ओर संकेत करता है।

हमें दबाने वाले मानसिक और भौतिक बोझ से मुक्त होना बहुत कठिन होता है। कई बार इसे असली पीड़ा के साथ पाया जा सकता है, जैसे जब हम अपने किसी प्रिय से विदा लेते हैं।

परंतु यदि आप अपने हालात में सुधार लाना चाहते हैं, अगर आप हल्के मन के साथ जीना चाहते हैं तो चीज़ों का त्याग करना सीखना चाहिए। ज्यों ही आप अनासक्त होंगे, आपके जीवन में एक नई प्रचुरता प्रवाहित हो उठेगी।

6

काम करने की अपनी मेज़ व्यवस्थित करें

साफ़-सफ़ाई करने से मन में निखार आता है

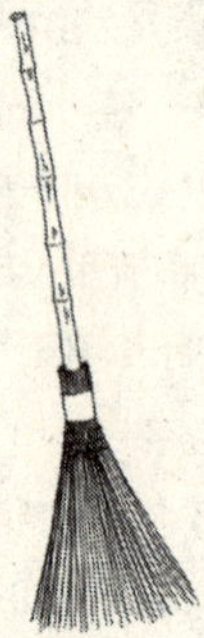

आपकी मेज़ एक दर्पण है जिससे आपका आंतरिक मन झलकता है

अपने कार्यालय में आसपास की मेज़ों पर नज़र दौड़ाएँ। जिन लोगों की काम करने की मेज़ हमेशा साफ़ और व्यवस्थित होती है, वे अपना काम भी बहुत अच्छी तरह करते हैं। इसके विपरीत, जिन लोगों की मेज़ हमेशा बिखरी रहती है, उन्हें अपने काम पर केंद्रित होने में परेशानी होती है।

जब सब कुछ हाथ से निकलने लगे, तो उन्हें सुधारने का प्रयत्न करें। जब सब कुछ बिखरा हो, तो उसे सहेज दें। पूरे दिन का काम समाप्त करने से पूर्व, अपनी मेज़ सहेज कर ही उठें। जिन लोगों में यह आदत पाई जाती है, उनका दिमाग़ पर कोई बोझ नहीं रहता। वे बिना किसी बाधा के, अपने काम पर पूरे सौ प्रतिशत केंद्रित रह पाते हैं।

ज़ेन मठों में, भिक्षु हर सुबह और हर शाम सफ़ाई करते हैं। हम पूरे मन से सफ़ाई इसलिए नहीं करते कि मठ गंदा है। हमारा उद्देश्य केवल मठ को चमकाना नहीं है, हम इस सफ़ाई के साथ अपने मन को भी शुद्ध करना चाहते हैं।

हर बार बुहारी देते हुए, आप अपने मन पर जमा धूल झाड़ते हैं।

हर बार कपड़े से पोंछा लगाते हुए, आपका हृदय और अधिक चमकने लगता है।

यह आपके काम करने के मेज़ के साथ-साथ घर के कमरों पर भी लागू होता है। स्वयं को अपनी चिंताओं और उद्वेगों का शिकार नहीं बनने दें - अपने मन को भटकने से बचाना चाहते हैं तो सबसे पहले अपने आसपास की सभी चीज़ें व्यवस्थित करें।

7

एक प्याला स्वादिष्ट कॉफ़ी बनाएँ

अपने लिए समय निकालने में प्रसन्नता छिपी है

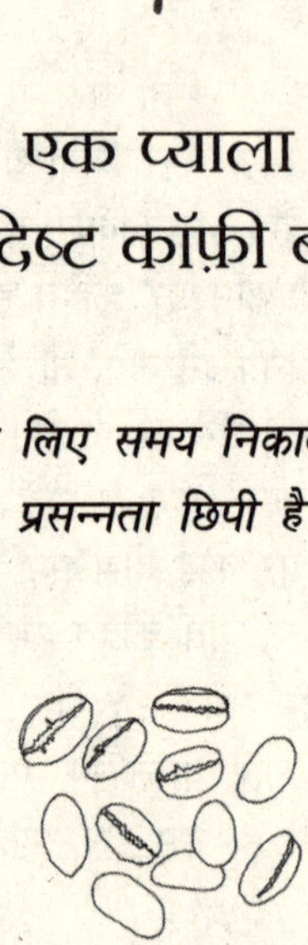

जब हम प्रयत्न नहीं करते तो जीवन के आनंद भी खो देते हैं

जब आप एक कप कॉफ़ी पीना चाहते हैं तो क्या करते हैं? अगर आप घर पर हों, तो आप कॉफ़ीमेकर चालू कर देते है। या अगर आप घर से बाहर हैं, तो आप अपने लिए एक प्याला सस्ती कॉफ़ी ख़रीदते हैं। ये दोनों ही व्यवहार सहज हैं।

परंतु एक अलग ही परिदृश्य की कल्पना करें।

पहले आप जंगल में जा कर आग जलाने के लिए लकड़ी जमा करते हैं। आप आग जला कर पानी उबालते हैं। फिर आप कॉफ़ी बींस पीसते हुए आकाश की ओर देख कर कहते हैं, "कितना सुंदर दिन है।"

इस तरह तैयार की गई कॉफ़ी मशीन से बनी कॉफ़ी से कहीं अधिक स्वादिष्ट होती है। शायद इसकी वजह यही है कि इस प्रक्रिया के हर चरण को जीवंत बनाया गया है - लकड़ी जमा करना, आग जलाना और बींस पीसना। इस कामों में कुछ भी असंगत नहीं दिखता। मैं इसे ही जीना कहता हूँ।

जीवन समय और प्रयास चाहता है। ठीक ही कहा गया है, जब हम प्रयत्न नहीं करते तो जीवन के आनंद भी खो देते हैं।

आपको अक्सर, सुविधा के दूसरे पक्ष का भी अनुभव करना चाहिए।

8

काग़ज़ पर कलम से ध्यानपूर्वक लिखें

आपके हस्तलेख से आपका सच्चा स्व देखा जा सकता है

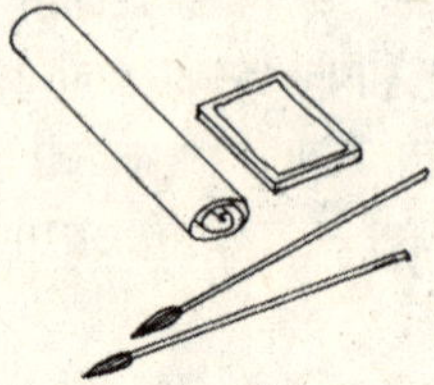

अपना ध्यान भीतर की ओर मोड़ें

ज़ेन भिक्षु सदैव ही कैलिग्राफ़ी और चित्रकला में रुचि लेते आए हैं।

ज़ेन अभ्यास के रूप में, निश्चित रूप से कैलिग्राफ़ी और चित्रकला हमारे लिए किस चीज़ का प्रतिनिधित्व करते हैं? हमारी रुचि इसमें नहीं कि हम अपने पीछे कोई महान काम छोड़ जाएँ, या हमें अपने कौशल पर घमंड है, हम स्वयं को इस कलात्मक कर्म के माध्यम से अभिव्यक्त करने के लिए इसे अपनाते हैं।

उदाहरण के लिए, प्रसिद्ध ज़ेन भिक्षु इकियु की कैलिग्राफ़ी में एक अवर्णनीय गहराई छिपी है। उनके कामों में छिपी आत्मा, देखने वालों को द्रवित कर देती है। इसी प्रकार, सेशु की लैंडस्केप पेंटिंग्स में, धुँधली स्याही की तरंगों में उनकी आत्मा छिपी है।

कैलिग्राफ़ी का अभ्यास और पेंटिंग अपने आंतरिक अस्तित्व से जुड़ाव पैदा करने का एक तरीक़ा है। आप सभी बाधाओं से परे हो कर, काग़ज़ पर ब्रश से कुछ उकेरने लगते हैं।

इतनी सावधानी के साथ कुछ बनाने या लिखने का प्रयत्न करें - आपके मन में इसे दूसरों को दिखाने की मंशा नहीं हो, बस आपको पूरी सजगता से अपने आंतरिक स्व का सामना करना है।

किसी एक रेखा या वर्ण के माध्यम से आपका सच्चा अस्तित्व प्रकट होगा।

9

तेज़ आवाज़ में बोलें

इस तरह आप स्वयं को
प्रेरित कर सकते हैं

अपने पेट से बोलें और मस्तिष्क को जाग्रत करें

क्या आपने कभी ज़ेन भिक्षु को सूत्रों का पाठ करते सुना है?

जब वह तेज़ आवाज़ में पाठ करता है तो उसका स्वर मठ के कक्ष में गूँजता है। यदि बहुत सारे भिक्षु एक साथ सूत्र पाठ कर रहे हों, तो उनके स्वर की गहनता सुन कर ऐसा लगता है मानो धरती से ध्वनि निकल रही हो।

वे इतने जोश के साथ सूत्रों का पाठ क्यों करते हैं?

इसकी भी एक वजह है।

जब आप ज़ोर से बोलते हैं, तो आप अपनी ही आवाज़ को अच्छी तरह सुन सकते हैं। परंतु इसके अलावा, यह आपके मस्तिष्क को जाग्रत और उत्तेजित भी करती है। हम भिक्षु सुबह जल्दी उठ कर सूत्रों का पाठ करते हैं ताकि अपने मस्तिष्क को सजग कर सकें।

तेज़ आवाज़ में पाठ करने के लिए, हमें उचित मुद्रा में बैठ कर, पेट के निचले हिस्से से श्वास लेनी होगी। ऑपेरा गायक भी इसी तकनीक का प्रयोग करते हैं। यह आपके शरीर के लिए बहुत अच्छा है। यही वजह है कि भिक्षु इतने जोश के साथ सूत्रों का पाठ करते हैं।

दिन में एक बार, तेज़ आवाज़ में बोलने की कोशिश करें, भले ही आप पूरे मन से सुबह का अभिवादन करें। आप यह देख कर चकित हो सकते हैं कि ऐसा करना कितना अच्छा महसूस होता है।

10

भोजन को उपेक्षित नहीं करें

अपने आहार का समय तय करें

"पूरे मन से खाएँ-पीएँ"

जब आप भोजन करते हैं, तो क्या आप भोजन पर केंद्रित होते हैं?

नाश्ते के समय आपको इतनी जल्दी होती है कि आप घर के दरवाज़े से बाहर निकलते-निकलते नाश्ता करते हैं। दोपहर का खाना सहकर्मियों के साथ बातें करते हुए खाया जाता है। रात का खाना टी.वी. देखते हुए खाते हैं। अक्सर खाने का काम पूरी तरह से उपेक्षित कर दिया जाता है, है ना?

हमारे ज़ेन बौद्ध धर्म में, एक कहावत है, "पूरे मन से खाएँ-पीएँ।" इसका अर्थ है कि जब आप एक प्याला चाय पी रहे हों तो आपका पूरा ध्यान केवल चाय पीने पर केंद्रित होना चाहिए। जब आप भोजन करें तो आपका पूरा ध्यान अपने खाने पर होना चाहिए। जब आप किसी व्यंजन का आनंद लें तो उन लोगों के बारे में सोचें, जिन्होंने उसे तैयार किया। उस खेत की कल्पना करें जिसमें उन सब्ज़ियों को उगाया गया होगा। प्रकृति की इस उदारता के लिए आभार की भावना प्रकट करें।

हमारा भोजन हमारे पास आने से पहले सैकड़ों लोगों के हाथों से गुज़रता है। अपना भोजन करते हुए, इस मानसिकता को अपनाने से, शायद आप इस बारे में सजग हो सकते हैं कि आप कितने भाग्यशाली हैं।

हमें स्वादिष्ट वस्तुओं को खाने में आनंद क्यों आता है?

क्योंकि हमारे भीतर बसा जीवन उसका आनंद लेता है जिसे दूसरा जीवन पोषित कर रहा है।

11

जब भी भोजन करें, हर कौर के बाद ठहरें

आभार की भावना का स्वाद लें

केवल बैठ कर ध्यान करना ही ज़ेन अभ्यास नहीं है

उपासक ज़ेन भिक्षुओं का भोजन शोजिन कुज़िन या बौद्ध शाकाहारी भोजन पर आधारित है। नाश्ता *शोशोकु* कहलाता है जिसमें चावल से बना दलिया और अचार शामिल होता है। लंच को *टेंशिन* कहते हैं जिसमें चावल, शोरबा और अचार होता है। रात के खाने को *याकुसेकी* कहते हैं, यह एक सादा भोजन होता है जो पूरे दिन की तुलना में अधिक होता है जिसमें सब्ज़ी, चावल और शोरबा परोसा जाता है। दूसरी बार में केवल चावल दिया जाता है। मांस बिलकुल नहीं खाया जाता। सही तरीक़े से ज़ेन आहार ग्रहण करने में "पाँच मनन" शामिल हैं; सादा शब्दों में :

1. हम उनके प्रयत्नों पर विचार करते हैं जिनकी वजह से हमें भोजन मिला, हम उनके आभारी हैं।
2. हम अपने ही कर्मों पर विचार करते हैं, और चुपचाप सहभागी होते हैं।
3. हम लोभ, क्रोध या स्पष्टता के बिना भोजन का स्वाद लेते हैं।
4. हम भोजन को दवा के रूप में आदर देते हैं जो हमारे शरीर को पोषण देते हुए आत्मा को जीवंत रखता है।
5. हम प्रबोध की ओर अपने सामंजस्यपूर्ण मार्ग में भोजन को पूरे आभार सहित ग्रहण करते हैं।

हम प्रत्येक भोजन के समय इन पाँच बातों पर विचार करते हैं, भोजन के लिए आभार प्रकट करते हैं और हर कौर के बाद ठहर कर, अपनी चॉपस्टिक नीचे रख देते हैं। इस अंतराल का उद्देश्य यही है कि हम उस आभार का आस्वादन कर सकें जिसे हम हर कौर के साथ ग्रहण कर रहे हैं।

भोजन केवल हमारी भूख शांत करने के लिए नहीं होता। यह हमारे प्रशिक्षण के अभ्यास का एक महत्त्वपूर्ण समय भी है।

12

सब्ज़ियों पर आधारित आहार के लाभ खोजें

एक शाकाहारी उपवास आपके मन और शरीर को "तुरंत शुद्धि" देता है

एक बड़े भिक्षु की सुंदर मुद्रा से प्रेरित

सद्गुणी भिक्षु दिखने में भी बहुत सुंदर होते हैं।

मेरा कहने का अर्थ यह नहीं है कि उनका चेहरा आकर्षक होता है या वे दिखने में बहुत ही सजीले होते हैं। मैं उनकी आंतरिक सुंदरता की बात कर रहा हूँ जो उनकी त्वचा और शरीर से झलकती है। उनकी मुद्रा, चाहे वे खड़े हों या बैठे हुए, वह बहुत सुंदर होती है। उनकी ऐसी छवि, ज़ेन प्रशिक्षण के लिए प्रतिदिन सुबह उठने के कारण, पवित्र व निश्चल अंतःकरण के कारण होती है।

मन और शरीर के बीच प्रत्यक्ष संबंध होता है। जब आप अपने मन को निखारते हैं, तो आपकी नए सिरे से जीवंत ऊर्जा आपकी देह पर भी दिखती है।

भोजन केवल आपके शरीर को ही पोषण नहीं देता। इसका आपके मन पर भी महत्त्वपूर्ण प्रभाव होता है। भोजन ही आपके तन और मन को रचता है।

जब आप शाकाहार-केंद्रित आहार ग्रहण करते हैं तो आपका मन शांत होता है और वह छोटी-छोटी बातों से व्याकुल नहीं होता। यह आपकी चमकदार त्वचा से भी झलकता है। इसके विपरीत, केवल मांस खाने से आपकी जुझारू भावना झलकती है। इससे पहले कि आप जान सकें, आपकी त्वचा का रंग बदलने लगता है।

मैंने अहसास किया है कि संभवतः आप अपने आहार से मांस और मछली को पूरी तरह से हटा नहीं सकते।

मेरी सलाह यही है : कम से कम, सप्ताह में एक दिन ऐसा हो, जब आप केवल सब्ज़ियों का आहार ही लें।

13

अपने प्रिय शब्दों की खोज करें

अपने मन के साथ एकात्म
होने का समय

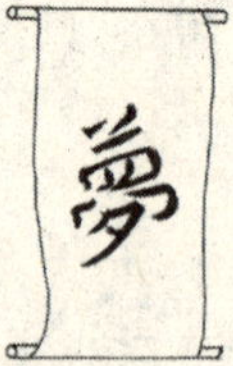

उदाहरण के लिए, "सब कुछ शून्य से ही उपजता है" – आपको मोह से मुक्त करने के लिए एक ज़ेन कथन

प्राचीन समय में, सभी जापानी घरों में एक मेहराबदार आला हुआ करता था जिसे *टोकोनोमा* कहते थे।

उसके भीतर एक लटकने वाला काग़ज़ टँगा रहता था, लोग घर जा कर उस पर मनन कर सकते थे। वह उनकी कोई मनपसंद पेंटिंग या किसी मार्गदर्शक नियम की कैलिग्राफ़ी आदि होती थी और उससे उस घर में रहने वालों की भावना और जीवनशैली का पता चलता था।

अपने घर को भी कैलिग्राफ़ी से सजाने के बारे में सोचें - यह कोई प्रेरक कथन हो सकता है, किसी ऐसे व्यक्ति का कथन जिसके आप प्रशंसक हों, या कुछ ऐसा जो आपको आत्म-मनन के लिए प्रेरित कर सके। इसके लिए आपको किसी आले की ज़रूरत नहीं है - आपके कमरे की दीवार भी चलेगी। इससे कोई अंतर नहीं पड़ता कि कैलिग्राफ़ी बहुत सुंदरता से उकेरी गई है या नहीं।

इसे देखने के लिए आपको समय और स्थान चाहिए ताकि शांत वातावरण में मनन किया जा सके।

अगर आप अपने लिए शब्दों का चुनाव नहीं कर सकते, तो मैं आपको यह सुझाव दे सकता हूँ :

"शून्यता में ही असीम संभावना छिपी है।"

इसका अर्थ है कि मनुष्य जन्म लेता है तो उसके पास कुछ नहीं होता। परंतु फिर भी हम सबके भीतर असीम संभावना छिपी है।

यही कारण है, हमें किसी भी चीज़ से भय नहीं होना चाहिए। चिंता करने की कोई बात नहीं है। यही सत्य है।

14

अपना सामान कम करें

केवल वही रखें, जिसकी
आपको आवश्यकता हो

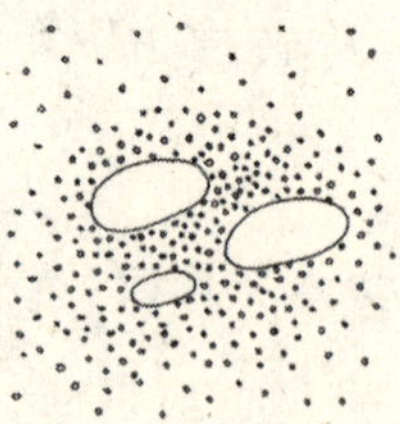

थका देने का विचार वस्तुओं का सार

क्योटो के कैलिग्राफ़ी में से एक, र्‍योनजी का रॉक गार्डन और दैसनजी का मैदान, ज़ेन बगीचों के आलीशान उदाहरण कहे जा सकते हैं। दोनों को ही ड्राई लैंडस्केप्स या शुष्क बगीचे कहा जाता है, क्योंकि वे किसी भी ताल, झरने या जल तत्त्व का प्रयोग किए बिना सुंदर परिदृश्य बनाते हैं।

सच्चाई यह है कि उस स्थान पर जल बिलकुल मौजूद नहीं है परंतु फिर भी आपको ऐसा लग सकता है मानो उस जगह कोई पहाड़ी झरना बह रहा हो।

अपने दिमाग़ में, कोई ऐसा दृश्य देखें, जिसमें जल तत्त्व भी मौजूद हो और अपने मन को कुछ देर तक वहीं रहने दें।

ये बगीचे सही मायनों में हमारे मन को मुक्त करने का प्रतिनिधित्व करते हैं।

जल प्रवाहित होने के विचार को दिखाने के लिए जल का सदा उपस्थित होना अनिवार्य नहीं है। जो कुछ भी बाहरी या असंगत हो उसे उस जगह से हटा दें और आपके पास जो सामान मौजूद हो, उससे ही बाग तैयार करें। भले ही आपके पास एक ही वस्तु क्यों नहीं हो, आप अपनी कल्पना और अन्वेषणशीलता के बल पर ही उसे विविध तरीक़ों से उपयोग में ला सकते हैं।

आपकी रोज़मर्रा की ख़रीदारी के दौरान, जब भी आप कुछ नया लें, पहले यह सोचें कि क्या आपको उसकी आवश्यकता है और फिर देखें कि आपके पास पहले से क्या मौजूद है।

बहुत सारी वस्तुओं का संग्रह आज़ादी नहीं होता।

यह अधिक महत्त्व रखता है कि आप उन्हें मुक्त भाव से प्रयोग में लाने की मानसिकता पैदा कर सकें।

15

अपने कमरे को व्यवस्थित करें

ऐसा करने से आपका मन
भी साफ़ होगा

सादगी और मिताहारिता के बीच का अंतर

मन और शरीर के बीच वही संबंध है जो मुर्गी और अंडे के बीच होता है।

अगर आप सादगी से भरी सोच रखते हैं तो आपका शरीर भी सहज ही छरहरा होगा। इसके विपरीत, अगर आप अपने आहार पर ध्यान देते हुए, शरीर और मन को मज़बूत बनाते हैं तो आपका मन भी स्वस्थ और मज़बूत होगा।

यही आपके मन और भौतिक स्थान के बीच संबंध के लिए भी सच है। अगर आप अपने भीतर सादगी लाना चाहते हैं तो अपने कमरे को कम से कम सामान के साथ व्यवस्थित करें।

सादगी से भरी जीवनशैली बहुत सुंदर होती है। यही ज़ेन की आत्मा है।

सादगी यही है कि जो भी उपयोगी नहीं है, उसे हटा दें। यह तय करें कि क्या किसी चीज़ की वास्तव में ज़रूरत है। अगर है तो उसका पूरा ध्यान रखें। यह किफ़ायत या अल्प व्यय से अलग है, उसका अर्थ है कम मूल्यों की चीज़ें लेना। कम मूल्य से मेरा तात्पर्य केवल उसकी क़ीमत से नहीं है - इसमें उन वस्तुओं के लिए भावनाओं की गहराई भी शामिल है।

उदाहरण के लिए, सादगी से भरे जीवन का अर्थ होगा, आप अपनी कॉफ़ी पीने के लिए रोज़ जिस मग का इस्तेमाल करते हैं और वह आपको बहुत पसंद है - आप उसे सँभाल कर रखते हैं ताकि वह लंबे समय तक चल सके। केवल अच्छी चीज़ें ही अपने पास रखें जिनकी सही मायनों में आवश्यकता हो। सादगी से भरी जीवनशैली बुनियादी अभ्यास है जो आपके मन को निखारेगी।

16

नंगे पैर चलने का अभ्यास करें

रोग को दूर कैसे रखें

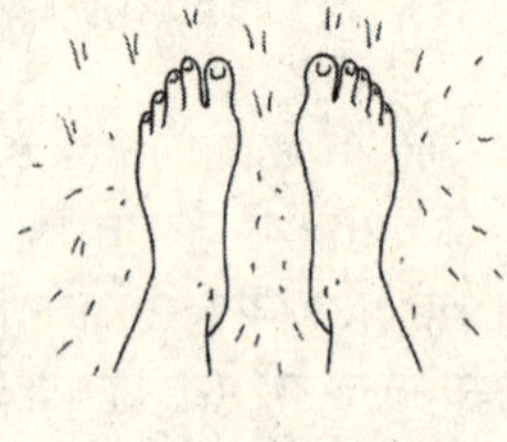

भिक्षुओं के नंगे पाँव चलने का कारण

भिक्षु वर्ष के 365 दिन नंगे पैर ही चलते हैं। हम जो कपड़े पहनते हैं, वे बहुत ही सादा सामग्री से बनते हैं। सर्दी के मौसम में भी, हम इसी तरह की पोशाक पहनते हैं।

किसी नए भिक्षु के लिए यह थोड़ी परेशानी की बात हो सकती है, परंतु एक बार जब उसे समायोजन करना आ जाता है, तो यह शक्तिवर्द्धक लगने लगता है। क्योंकि यह जीवनशैली स्वाभाविक तौर पर शरीर को बलशाली बनाती है, भिक्षुओं को कभी जुकाम नहीं होता। हो सकता है कि मेरी आयु का व्यक्ति सर्दियों के मौसम में जुराबें पहन ले, परंतु नंगे पैरों की तुलना में, गर्म पैरों का आनंद कुछ नहीं है।

यही वजह है कि जब मैं कहीं बाहर जाता हूँ तो मैं पट्‌टी वाले सैंडिल पहनता हूँ।

ये आपकी सेहत के लिए भी बहुत अच्छी हैं।

कहते हैं कि आपके पैर के अँगूठे और दूसरी अँगुली के बीच बहुत सारे ऐसे बिंदु हैं जो आपके आंतरिक अंगों और मस्तिष्क से जुड़े हैं। जब आप पट्‌टी वाली सैंडिल पहनते हैं तो पट्‌टी से ये बिंदु उत्तेजित होते हैं और चलते हुए पैरों की मालिश हो जाती है।

घर में नंगे पैर चलें और बाहर जाना हो तो पट्‌टी वाली सैंडिल पहनें।

अपने अवकाश वाले दिन घर में ऐसा करके देखें।

17

गहरी श्वास छोड़ें

नकारात्मक भावों को
कैसे ख़त्म करें

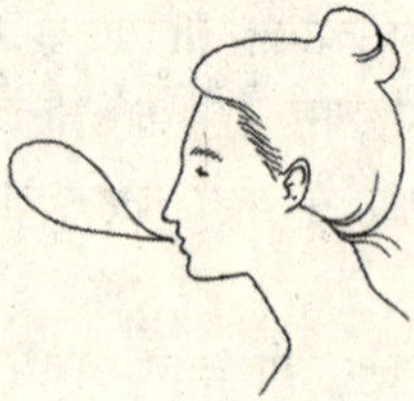

अपनी श्वास में सुधार करें और आपके मन में भी सुधार होगा

जापानी भाषा में *कोक्यु* अर्थात "श्वसन" के लिए, "श्वास लेने" से पहले, "श्वास छोड़ने" का वर्ण आता है। इसका अर्थ है कि श्वास भीतर लेने से पहले उसे छोड़ना होगा।

अपनी सजगता को नाभि के ठीक नीचे वाले बिंदु पर केंद्रित करें और एक लंबी और हल्की सी श्वास छोड़ें। जब आप एक बार पूरी तरह से श्वास छोड़ देंगे तो इसके बाद स्वयं ही श्वास भीतर जाएगी। आप श्वास को शिथिल करें ताकि यह प्रवाह सहजता से चलता रहे। जब यह प्रक्रिया स्वयं को दोहराएगी तो आप अपने-आपको शांत महसूस करेंगे। आपका शरीर भी पहले से केंद्रित होगा और आप स्वयं को ज़मीन से जुड़ा हुआ अनुभव करेंगे।

दूसरे शब्दों में कहें तो, आप अपनी व्याकुलता से मुक्त हो सकेंगे।

जब आप छाती से श्वास लेते हैं, तो आप स्वयं को भटकने से नहीं बचा सकते। इससे अधीरता बढ़ती है। आप तेज़ी से श्वास लेने लगते हैं। आप अधीरता और बेचैनी के एक चक्र में उलझ जाते हैं।

जब भी आपके मन में गुस्सा या खीझ जैसे नकारात्मक भाव पैदा हों, तो पेट के निचले हिस्से से श्वास लेने के लिए उपयुक्त क्षण होगा।

आप जल्द ही विश्रांत होंगे और आपका मन तरोताज़ा महसूस करेगा।

18

ज़ाज़ेन की मुद्रा में बैठें

बैठने और सोचने के प्रभाव

मनुष्य चलते हुए गहरा चिंतन नहीं कर सकते

ज़ेन प्रशिक्षण में, ज़ाज़ेन सबसे अधिक महत्त्व रखता है। आप ज़ाज़ेन के बिना ज़ेन की बात नहीं कर सकते। हम ज़ाज़ेन से आरंभ करते हैं और ज़ाज़ेन से ही अंत करते हैं। यही ज़ेन अभ्यास है।

ज़ेन शब्द, संस्कृत शब्द ध्यान से आया है, जिसका अर्थ है, "शांत मनन।"

विचार करने का कार्य, शांत बैठने की अवधारणा से लिया गया है। मनुष्य चलते हुए कुछ विचार नहीं कर सकता। हमारे पास केवल एक ही मन है और जब हमारा मन गति पर केंद्रित होता है, तो हमारे लिए किसी गहन विचार में मग्न होना कठिन हो जाता है।

अगर आप चलते हुए, कुछ सोचने का प्रयत्न करते भी हैं, तो इसका अंत हमेशा किसी न किसी व्यावहारिक काम के रूप में ही होगा, जैसे काम की व्यवस्था या रात के खाने में क्या बनाना है। संसार के परम सत्य के बारे में गहन विचार या जीवन का अर्थ आदि कुछ ऐसा नहीं है जिसे गतिशील अवस्था में पाया जा सके।

ज़ाज़ेन के लिए, पहले हमें उचित मुद्रा में बैठना होगा। इसके बाद हम अपनी श्वास पर ध्यान केंद्रित करेंगे और अंत में अपने मन को स्थिर करेंगे। एक बार इन तीनों को व्यवस्थित करने के बाद, फिर ज़ाज़ेन का अभ्यास करना आरंभ करते हैं।

ज़ाज़ेन की मुद्रा में बैठने का अभ्यास करें : अपने मन को ख़ाली करें और अपने विचारों को उड़ा कर, उनसे संपर्क काट दें।

19

खड़े होने का अभ्यास करें

एक ज़ेन-स्टाइल ताकि आप अपने आने-जाने के समय का सदुपयोग कर सकें

स्वयं को प्रेरित करने का सरल उपाय

जो लोग घर से बाहर काम करते हैं, उनके लिए ऑफ़िस जाना तनावपूर्ण हो सकता है।

परंतु मेरा यह मानना है कि यात्रा में थोड़ा समय बिताना भी अच्छी बात है।

कल्पना करें कि आपका ऑफ़िस और घर एक ही इमारत में होते। भले ही यह आपको सुविधाजनक लगे, क्योंकि आपको यात्रा के लिए समय नहीं देना पड़ता।

हालाँकि हमें हमेशा दोनों मोर्चों पर एक साथ काम करना पड़ता। एक ही इमारत में रहना और काम करना मुश्किल हो सकता है।

सुबह के समय, जब आप काम पर जाने को तैयार होते हैं तो आप एक माता या पिता वाला चेहरा रखते हैं। फिर जब आप गाड़ी में सवार हो कर अपने ऑफ़िस पहुँचते हैं तो तब तक आपके चेहरे पर मैनेजरपन झलकने लगता है। अब आप पूरे दिन के परिश्रम के लिए तैयार हैं।

घर से ऑफ़िस के बीच यात्रा के समय के दौरान आप बहुत ही आसानी से अपने लिए दूसरी मनोदशा का चुनाव कर पाते हैं।

अगर आपको अपनी प्रेरणा का स्तर बढ़ाना पसंद है, तो मैं आपको "खड़ी हुई मुद्रा" में ध्यान करने के लिए प्रोत्साहित करूँगा। आप किसी सबवे कार में खड़े हो कर भी इसे कर सकते हैं। जब आप उस जगह खड़े हों, तो अपनी सजगता को नाभि के नीचे वाले बिंदु पर लगा कर रखें और ज़ाज़ेन का अभ्यास करें। यह बहुत सरल है।

चाहे आप घर से बाहर हैं या घर में ही थोड़ा अतिरिक्त समय हाथ में है, यह ज़ेन अभ्यास आपके लिए बहुत सहायक हो सकता है।

20

उन बातों की चिंता में समय नष्ट नहीं करें जो आपके वश में नहीं

आध्यात्मिक रूप से हल्का होने का क्या अर्थ है?

वह क्षण जब आप अचानक स्वयं को पीछे छोड़ देते हैं

जब आप ज़ाज़ेन की मुद्रा में हों, तो आपको कुछ सोचना नहीं चाहिए। हमें यही कहा जाता है परंतु यह अपने-आप में बहुत बड़ी चुनौती है।

नियम के अनुसार, आप ज़ाज़ेन के समय अपनी आँखें बंद नहीं करते। आप आसानी से देख सकते हैं कि आपके आसपास क्या हो रहा है, तब आप कितना भी क्यों ना रोक लें, आपके मन में ऐसे विचार आ सकते हैं, "ओह, प्रधान भिक्षु इसी ओर आ रहे हैं। मुझे थोड़ा सीधा बैठना चाहिए ..." या "आह, मेरे पैर सुन्न हो गए हैं..." या फिर ऐसे ही कई और विचार दिमाग़ में आ सकते हैं।

अधिकतर समय तो यही कहा जाएगा कि ऐसा होना स्वाभाविक है। और अगर आप स्वयं से कहते हैं, "कुछ मत सोचो" तो यह भी सोचना ही है।

पर जब आप एक बार ज़ाज़ेन का थोड़ा सा भी अनुभव पा लेते हैं, तो कई ऐसे क्षण होंगे - भले ही छोटे क्यों नहीं हों - जब आपका मन पूरी तरह से ख़ाली होगा। आपको अहसास होगा कि आप किसी चीज़ के बारे में नहीं सोच रहे। तब आपको अपने अस्तित्व का भी अहसास नहीं रहेगा। मैं उन्हीं क्षणों की बात कर रहा हूँ।

आपका मन पूरी तरह से पारदर्शी होगा। जो बातें आपके दिमाग़ में चलती रहती थीं, वे ओझल हो जाएँगी। आपको अचानक ऐसा लगेगा मानो आप किसी पारदर्शक दुनिया में आ गए हैं। आध्यात्मिक रूप से हल्का होने से मेरा यही अभिप्राय है।

21

अपने तरीक़े बदलने में निपुणता हासिल करें

अपने मन के भीतर द्वार बनाएँ

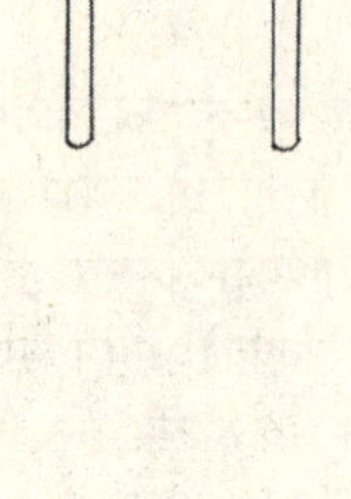

"अनिवार्य ना-अनिवार्य" जैसी चीज़ें भी होती हैं

किसी ज़ेन मठों या शिंतो तीर्थ में जाने के लिए कई द्वार होते हैं - विशाल लंबे मेहराब, जिन्हें हम टोरी कहते हैं।

ज़ेन कैलिग्राफ़ी के मुख्य प्रांगण में जाने से पूर्व, आप तीन द्वारों से निकलते हैं - प्रमुख द्वार, मध्य द्वार तथा तीसरा द्वार - जो प्रबोधन की ओर यात्रा का संकेत करता है। शिंतो तीर्थ में भी तीन टोरी होते हैं।

ऐसे कृत्रिम ढाँचों की इतनी चिंता क्यों करना?

दरअसल, हम उन्हें "अनिवार्य ना-अनिवार्य" कहते हैं।

हम द्वारों और टोरी को "आध्यात्मिक बाधाएँ" कहते हैं। दूसरे शब्दों में, वे दो अलग संसारों के बीच संपर्क स्थापित करते हैं। जब आप प्रत्येक द्वार के नीचे से निकलते हैं, तो आप एक पवित्र जगत के और निकट हो जाते हैं - जिसे हम बौद्ध धर्म में "पवित्र भूमि" कहते हैं।

यही वजह है कि बौद्ध कैलिग्राफ़ी में ये तीन द्वार होते हैं। इन संसारों के बीच सीमा स्थापित करने से, आपको इनके बीच की दूरी के प्रति सजग होने में मदद मिलती है। जब आप प्रत्येक के नीचे से निकलते हैं, तो आप पवित्र भूमि की ओर जाने की संवेदना को अनुभव कर सकते हैं।

आप काम की ओर जाने की इस यात्रा को भी "अनिवार्य ना-अनिवार्य" मान सकते हैं। इस तरह आपको अपने निजी जीवन के रूप से, कार्यस्थल वाले रूप में परिवर्तन करने में मदद मिलेगी। भले ही यह आपको अनावश्यक लगे परंतु यह बहुत आवश्यक है।

22

धीरे-धीरे साँस लें

आपके लंच ब्रेक के दौरान
पाँच मिनट का "चेयर ज़ाज़ेन"

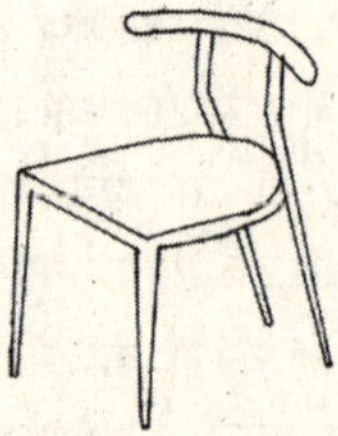

मन को स्थिर करना हो तो पहले अपनी मुद्रा और श्वास को समायोजित करें

जब आप अपनी कुर्सी पर बैठते हैं तो आपकी मुद्रा उकड़ूँ हो जाती है क्योंकि यह सहज रूप से असहज मुद्रा है, यह आपकी एकाग्रता को प्रभावित करती है। आपको कुछ चीज़ों से खीझ और थकान महसूस हो सकती है।

इसलिए मेरे पास आपके लिए एक आध्यात्मिक अभ्यास है। अपने लंच ब्रेक के दौरान पाँच मिनट के लिए, अपनी कुर्सी पर बैठे-बैठे ज़ाज़ेन का अभ्यास करने की कोशिश करें।

ज़ाज़ेन का आधार यही है कि आप अपनी मुद्रा, श्वास और मन को समायोजित कर सकें।

पहले, अपने सिर और रीढ़ की हड्डी को सीधा करते हुए बैठें। अगर आपको स्वयं को एक ओर से देखना हो, तो आपकी रीढ़ की हड्डी, 'एस' जैसे मुड़े हुए आकार में दिखेगी और आप अपने सिर से रीढ़ की हड्डी तक एक सीधी रेखा देख सकेंगे।

इसके बाद, अपनी श्वास पर ध्यान दें। काम में तनावपूर्ण दशा के दौरान आप प्रति मिनट सात से आठ श्वास ले सकते हैं। अगर आप अपनी श्वास पर ध्यान देंगे तो आप इसे स्वाभाविक तौर पर, तीन या चार श्वास प्रति मिनट तक ला सकते हैं।

एक बार ऐसा हो जाएगा, तो आपका मन सहज ही शांत रहेगा।

यह अभ्यास आपके मन और मस्तिष्क; दोनों को ताज़ा करता है। आपको केवल लंच ब्रेक के दौरान पाँच मिनट के लिए, अपनी "कुर्सी पर बैठे-बैठे ज़ाज़ेन" का अभ्यास करना है।

23

अपने दोनों हाथ एक साथ जोड़ें

एक खीझे हुए मन को
शांत करने का उपाय

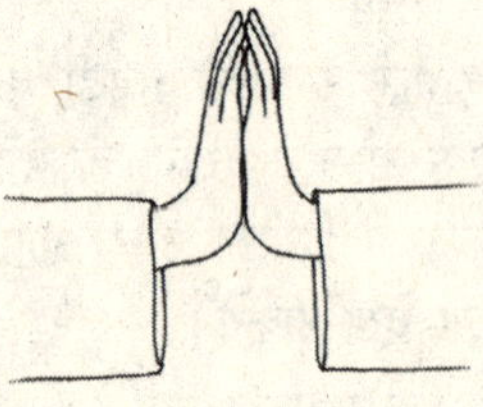

गाशो का अर्थ : बायाँ हाथ आपका प्रतिनिधित्व करता है दायाँ हाथ अन्य लोगों का प्रतिनिधित्व करता है

कई बार ऐसा होता है जब हम दोनों हाथ जोड़ते हैं और चुपचाप प्रार्थना करते हैं या किसी बारे में मनन करते हैं। मैं आपको सलाह दूँगा कि आप केवल किसी क़ी शोक सभा या धर्मिक स्थान पर जाते समय ही ऐसा नहीं करें, इसे अपने रोज़मर्रा के जीवन का अंग बनाएँ।

गाशो क्या है? दायाँ हाथ आपके सिवा किसी भी दूसरे व्यक्ति का प्रतिनिधित्व करता है। यह बुद्ध, ईश्वर या आपके आसपास कोई दूसरा हो सकता है। बायाँ हाथ आपका प्रतिनिधित्व करता है। गाशो इन दोनों को साथ ला कर, एक करने का सूचक है। यह उन लोगों के प्रति आदर का भाव है जो आपसे बाहर हैं - विनय के प्रति अर्पण।

हम अपने हाथ जोड़ कर आभार का भाव पैदा करते हैं। इस तरह किसी विवाद के लिए कोई स्थान नहीं रहता। अगर आपके हाथ जुड़े होंगे, तो आप किसी पर आक्रमण नहीं कर सकते, क्या आप ऐसा कर सकते हैं? हाथ जोड़ कर माँगी गई क्षमा अवश्य मिलती है। सामने वाले का गुस्सा या खीझ शांत होते हैं। यही *गाशो* का महत्त्व है।

आपको अपने घर में एक ऐसा स्थान बनाना चाहिए जहाँ आप अपने दोनों हाथ जोड़ सकें। यह ज़रूरी नहीं कि वह कोई वेदी या तीर्थ हो - यह कोई स्तंभ या कोना हो सकता है, जहाँ आप कोई तावीज़ या तलिस्मान टाँगते हों - ऐसी जगह, जहाँ आप शांत भाव से दोनों हाथ जोड़ कर खड़े हो सकें। यह छोटा सा अभ्यास आपकी आत्मा के लिए आश्चर्यजनक राहत देने वाला प्रभाव पैदा कर सकता है।

24

एकांत में रहने का समय निकालें

सादा जीवनशैली की ओर पहला क़दम,
ज़ेन शैली

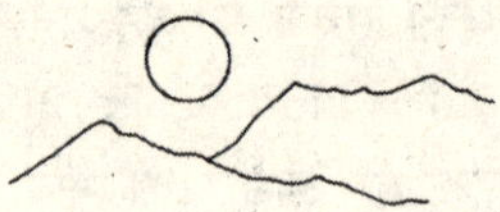

"शहर में एकांतवास" के लाभ

जापानी लोगों के लिए "पर्वतों पर वास" करना एक आदर्श जीवनशैली है। इसे सबसे सुंदर माना जाता है और कई बार इसे संसार से दूर एक जीवन माना जाता है। प्रसिद्ध भिक्षु साइग्यो और रूयोकान ऐसा ही संन्यस्त जीवन जीते थे।

पक्षियों की चहचहाहट और पानी चलने की आवाज़ सुनते हुए कुछ पढ़ना। अपने गिलास में चंद्रमा की परछाईं देखते हुए पेय पदार्थ पीना। वन्य जीवन से संवाद स्थापित करना। मुक्त मन से जीने की योग्यता, चीज़ें जैसी हैं, उन्हें उसी रूप में स्वीकारना। यही जीवन का तरीक़ा है जिसे अपनाया जाना चाहिए।

जैसा कि भिक्षु-कवि कामो नो चोमी ने अपने तेरहवीं सदी के काव्य *होजोकी* में कहा है, पर्वत प्रवास, एकांतवास है, पर्वतों में अकेले रहना। ज़ेन बौद्ध भिक्षु ऐसे स्थान को अपने आध्यात्मिक प्रशिक्षण के लिए आदर्श मानते हैं। वास्तविकता में, यह अपने-आप में बहुत चुनौतीपूर्ण है। फिर भी हम एकांतवास की भावना के लिए इसे पाना चाहते हैं।

शहर की आपाधापी के बीच भी, आधुनिक जीवन के लिए पर्वत प्रवास की अवधारणा का समायोजन - प्रसिद्ध टी मास्टर सेन नो रिकयु ने इसे "नगर में एकांतवास" का नाम दिया है। यही मॉडल दिखाता है कि चायघर अक्सर, प्रमुख इमारतों से थोड़ी दूर पर क्यों बनाए जाते हैं।

आप भी "नगर में एकांतवास" की इस अवधारणा को अभ्यास में लाने का विचार करें।

एक ऐसा स्थान जहाँ आप दूसरे लोगों से दूर हो कर अपने साथ कुछ समय बिता सकते हैं। प्रकृति के बीच ऐसा स्थान जहाँ आप मानसिक स्वतंत्रता पा सकते हैं। एकांतवास के कुछ क्षण आपके लिए आगे का मार्ग आलोकित कर सकते हैं।

25

प्रकृति के निकट रहें

उस प्रसन्नता को खोजें जो आपके ठीक सामने है

अपने मन में एक छोटा सा बगीचा रचें

एक बार मैंने टी.वी. के प्रोग्राम में छोटे बच्चों के दल को एक पाठ सिखाया था।

मैंने उन्हें मिनिएचर बाग बनाने का सुझाव दिया।

पहले मैंने छात्रों से कहा कि वे स्कूल में अपनी मनपसंद जगह जा कर अपने मन को ख़ाली करने की कोशिश करें। फिर उन सबसे कहा कि एक छोटे से बाग में प्रकृति के साथ अपने अनुभवों की पुनः प्रस्तुति करें।

उन्हें कहा गया था कि वे डेढ़ बाई दो फ़ीट के बक्से में अपनी मर्ज़ी से कुछ भी सजा सकते थे - जैसे मिट्टी, कंकड़, पेड़, शाखाएँ और पत्ते। मैं एक बगीचा डिजाइनर के रूप में सक्रिय हूँ और उन बच्चों ने अपने नज़रिए से जो तैयार कर दिखाया, वह वाकई सराहनीय कारीगरी थी।

एक बच्चे ने पानी को सँजोया, जो एक छोटे से ताल में गिर रहा था; दूसरे बच्चे ने शाखाओं को तिरछा करके दिखाया ताकि वे हवा का प्रतिनिधित्व कर सकें; और एक बच्चे ने अपनी ओर से छाया दिखाने की पूरी कोशिश की... जिन बच्चों के पूरे दिन स्कूली और पाठ्येतर गतिविधियों से भरे थे, वे पूरी तरह से मिनिएचर गार्डन बनाने में मग्न हो गए। उन्हें प्रकृति के साथ इस तरह समय बिताने में बेहद आनंद आया।

स्वयं प्रकृति के संपर्क में रहने का प्रयत्न करें। अगर आप कोई पत्थर पड़ा हुआ देखें तो उसे उठा कर हाथ में लें। अगर सड़क के किनारे कोई फूल खिला हो तो रुक कर उसकी गंध लें।

फिर अपने मन के अंदर, अपनी पसंद का एक मिनिएचर बगीचा तैयार करें। यह आपको बहुत सुकून देगा।

26

अपनी बालकनी में एक छोटा सा बगीचा तैयार करें

सजगता अभ्यास के लिए छोटा-सा स्थान

आप अपने मन को सजग कर सकते हैं, चाहे आप कहीं भी क्यों नहीं हों

हम भिक्षु कहते हैं, "एक पेड़ के नीचे, एक चट्टान के ऊपर।" आप किसी चट्टान पर या पेड़ के नीचे अकेले बैठें और ज़ाज़ेन का अभ्यास करें। इस तरह आप प्रकृति से अपना नाता जोड़ सकते हैं जो बीत गया हो, उसे अपने दिमाग़ से निकालें और ख़ाली मन के साथ ज़ाज़ेन के लिए बैठें। यही ज़ाज़ेन के अभ्यास का आदर्श परिवेश है।

ऐसे परिवेश की खोज कई बार बौद्ध भिक्षुओं के लिए चुनौती हो सकती है। यही वजह है, ज़ेन मठों में बगीचे बनाए जाते हैं।

हम दूर दिखाई दे रहे पर्वतों का मानसिक चित्रण कर सकते हैं और हमारा मन बहती नदी का स्वर सुन सकता है। ऐसे विशाल भू परिदृश्य को सीमित कर उसका छोटा संस्करण बाग में बना सकते हैं और उस छोटे से स्थान में प्रकृति के जादू को फिर से जगाया जा सकता है। ज़ेन बगीचों की कला में बौद्ध भिक्षुओं का संचित विवेक पाया जा सकता है।

अपने घर में ऐसा ही बगीचा तैयार करने की कोशिश करें। अगर आपके पास जगह नहीं है तो आपके घर की बालकनी भी बहुत होगी। अगर आपके पास बालकनी भी नहीं है तो खिड़की की मुंडेर काफ़ी होगी। आपको थोड़ी सी जगह चाहिए जिसमें आप किसी मनपसंद भू दृश्य को छोटे रूप में साकार कर सकते हैं।

ऐसी जगह जो आपके मन को शांत कर सके। जहाँ आप अपने अनिवार्य अस्तित्व से भेंट कर सकें।

यह आपका सबसे मनपसंद स्थान हो सकता है।

27

सूर्यास्त का दृश्य देखें

आभार प्रकट करें कि आप एक और दिन जी सके

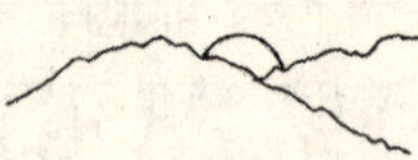

अपने "सनसेट स्टेप्स" खोजें

टोक्यो के मध्यबिंदु के पड़ोस में यानाका नामक जगह पर "सनसेट स्टेप्स" नामक स्थान है। ये सीढ़ियाँ अपने-आप में कोई अनूठी नहीं हैं। परंतु अगर आप उस जगह बैठ कर, आकाश में सही वक़्त पर देखें तो आपको बहुत सुंदर सूर्यास्त का दृश्य दिखाई दे सकता है।

मैं नहीं जानता कि "सनसेट स्टेप्स" नाम किस जगह से आया पर अब सभी इस जगह को इसी नाम से पुकारने लगे हैं। बहुत से लोग उस जगह सूर्यास्त का दृश्य देखने जाते हैं।

मेरा मानना है कि पूरे संसार में ऐसे अनेक अद्भुत स्थान होंगे। जापान के ग्रामीण इलाक़ों में, आप धान के खेतों के बीच से सुंदर सूर्यास्त देख सकते हैं और शहरों में छतों पर सूरज के डूबते गोले को निहारा जा सकता है।

आपको सूर्यास्त देखने के लिए ख़ास तौर पर यानाका जाने की ज़रूरत नहीं है। आप किसी भी जगह अपने सनसेट स्टेप्स की खोज कर सकते हैं।

ख़ास बात यही है कि आप उस जगह बैठ कर आकाश को निहार सकें। जब शाम ढले तो आकाश को देखें। आपको जीने के लिए एक और पूरा दिन मिला, इसके लिए आभार प्रकट करें। यह क्षण आपकी आत्मा को ऊष्मा से सराबोर कर देगा।

28

जो काम आज हो सकता हो, उसे कल पर नहीं टालें

आप भविष्य के लिए पछतावा नहीं कर सकते

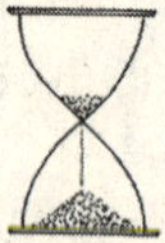

एक भिक्षु की अंतिम इच्छाओं से सीखें

जापान के ईदो युग (1603-1868) के अंत में, सेंगई नामक प्रधान भिक्षु हुए, जो क्युशु के पश्चिमी द्वीप के हकाता में रहते थे।

जब सेंगई मरणासन्न थे, तो उनके शिष्यों ने उनकी अंतिम इच्छा पूछी, "मैं मृत्यु के साथ नहीं जाऊँगा।" इसका अर्थ था कि वे मरना नहीं चाहते थे। बेशक़ इससे इस बात की पुष्टि नहीं होती कि ज़ेन मास्टर की अंतिम इच्छा के बारे में क्या अपेक्षा रखी जा सकती है, इसलिए शिष्य उनके और पास हुए और फिर से अपना प्रश्न दोहराया।

वे बोले, "मैं यही कह रहा हूँ कि मृत्यु के साथ नहीं जाऊँगा।"

ऐसे जाने-माने भिक्षु, जिनका ग्यारह वर्ष की आयु में मुंडन हुआ और उन्होंने जीवन के शेष अठासी वर्ष ज़ेन के आध्यात्मिक अभ्यास में लगा दिए - और जिनके लिए माना जाता था कि वे प्रबुद्ध हो चुके थे; वे भी संसार के प्रति मोह नहीं त्याग सके।

हममें से सौ प्रतिशत लोग जीवित नहीं रहेंगे - मनुष्यों के रूप में हमारी यही नियति है। हम इसे जानते हैं और मृत्यु के सामने आने पर भी जीवन से चिपके रहते हैं। जब मेरा अंत समय आएगा तो मैं अपने मोह को कम से कम रखने का प्रयास करूँगा। मैं यह सोचते हुए इस संसार से विदा लेना चाहूँगा कि मेरा जीवन बहुत बढ़िया रहा।

मैं आशा करता हूँ कि मैं उस ज़ेन अवधारणा का मूर्तिमान रूप हो सकता हूँ जिसके अनुसार, हमें अपने जीवन के अर्थ पर मनन करना चाहिए और उन चीज़ों को पाने के लिए प्रयत्न करना चाहिए जिनके लिए हम सक्षम हों।

29

रात को सोने से पहले अप्रिय बातें नहीं सोचें

रात को सोने से पहले पाँच मिनट का "बेड ज़ाज़ेन"

मन को नए सिरे से व्यवस्थित करने का समय

हम सबके जीवन में ऐसी रातें आती हैं जब हम सो नहीं पाते, जब हम असुखद या बुरे विचारों से घिरे होते हैं। हमारा मन व्यर्थ की चिंताओं और परेशानियों से घिरा होता है।

यह ज़ाज़ेन का अभ्यास करने का उचित समय है।

ज़ाज़ेन का शांत अभ्यास करने से मस्तिष्क में न्यूरोट्रांसमीटर सीरोटोनिन का स्राव होता है, जो मनोदशा को सुधारता है और यह धीरे-धीरे अवसाद को भी घटाने में सहायक होता है। ज़ाज़ेन मस्तिष्क में सीरोटोनिन का स्राव होता है और आपको कोई दवा लेने की ज़रूरत नहीं होती।

एक बार मस्तिष्क शांत हो जाए तो आपका रक्त संचार सामान्य हो जाता है और पूरे शरीर में एक गरमाहट जैसा अनुभव होता है।

मन की उलझन दूर होने से आपको सहज ही नींद आने लगती है।

जब आप बिस्तर पर जा रहे हों तो उन सब बातों को भुला दें जो सुबह से आपके साथ हुई हों, ईश्वर का आभार प्रकट करें कि उसने आपको एक और दिन जीने का अवसर दिया।

जब आप अगली सुबह उठेंगे, तो आप तरोताज़ा महसूस करेंगे। सोने से पहले, पाँच मिनट तक ज़ाज़ेन के अभ्यास को उपेक्षित नहीं करें।

30

अभी अपनी ओर से जो भी बेहतर कर सकते हों, वही करने का प्रयत्न करें

यह आपको अच्छी बातों की ओर ले जाएगा

बादलों का पीछा नहीं करें - आप कभी उन्हें पकड़ नहीं सकेंगे

बादलों को पकड़ने और उनके भागने की एक कथा कही जाती है।

आप गर्मी के किसी दिन, सुबह के समय खेत में काम कर रहे हैं। आकाश में कहीं बादल नहीं हैं, आप गर्मी महसूस करते हैं। पर तभी आकाश में देखते ही दूर कहीं बादल का टुकड़ा दिखता है।

"आह, पक्का, उस बादल की ओट में छाँव ज़रूर मिल सकती है। वह इस ओर आने ही वाला होगा।" आप स्वयं से कहते हैं और फिर बादल के आने तक लगातार अपने काम पर ध्यान देते हैं।

परंतु सच यही है कि वह बादल आपको छाया देने नहीं आएगा। भले ही आपका पूरा दिन काम करते हुए निकल जाए और आप छाया मिलने की उम्मीद करते रहें।

उस आने वाले बादल की उम्मीद करने के बजाए, जो कुछ और किया जा सकता है, उसे अवश्य करें। अगर आप मन लगा कर काम करेंगे तो आपको गर्मी का अनुभव ही नहीं होगा। फिर इससे पहले कि आप जानें, बादल आ जाएगा और आपको तरोताज़गी देने वाली ठंडक देगा।

मैं आपको जो बता रहा हूँ, वह केवल बादलों पर ही नहीं बल्कि भाग्य या नियति पर भी लागू हो सकता है। जो भाग्यवान हो, उससे ईर्ष्या रखते हुए आपको क्या मिलने वाला है। अपने जीवन में अवसरों के अभाव का रोना रोनें से भी कुछ नहीं होगा। बस आज जो करने योग्य है, उसके लिए मेहनत करें। भविष्य निश्चित रूप से आपके लिए प्रस्तुत होगा।

खण्ड - II

जीने का साहस व विश्वास की प्रेरणा पाने के तीस उपाय

अपने बोध में बदलाव लाने का प्रयत्न करें

31

अपने दूसरे रूप की खोज करें

स्वयं के भीतर छिपे सर्वेसर्वा को खोजें

आपके सर्वेसर्वा में असीम संभावना छिपी है

ज़ेन बौद्ध धर्म हमें सिखाता है कि जीवन को कहीं अधिक सहजता और मुक्त भाव से जीने के लिए, हमें इस शिक्षा का महत्त्व समझना होगा कि स्वयं को इस या उस तरह के व्यक्ति के रूप में पहचान नहीं दें।

मैं आपको एक उदाहरण देना चाहूँगा।

आपके भीतर भी एक और आप हैं। आपका यह संस्करण आपसे कहीं अधिक मुक्त और संभावना से भरपूर है। यह आपका अनिवार्य अस्तित्व है। आपके भीतर ही आपका सच्चा नायक या सर्वेसर्वा रहता है।

ज़ेन में, सर्वेसर्वा को "मास्टर" भी कहते हैं। एक ज़ेन भिक्षु की प्रसिद्ध कथा कही जाती है जो स्वयं को संबोधित करता था, "हे मास्टर!" और उसका स्व भीतर से उत्तर देता था, "जी!" फिर वह पूछता, "क्या तुम जाग्रत हो?" तब उसका स्व उत्तर देता, "हाँ!" वह प्रायः इस तरह का प्रश्न पूछता और उसे उत्तर मिलता।

हम सभी समाज में विविध भूमिकाएँ निभाते हैं। आप किसी ऑफ़िस में कर्मचारी, माँ या फिर रेस्त्राँ में कुक हो सकते हैं। बेशक़, ये सब हमारे विविध रूप ही हैं। परंतु हमारे पास एक और अस्तित्व या स्व भी होता है, वह सच्चा नायक हमारे भीतर रहता है।

इस अन्य अस्तित्व को जाग्रत करने के लिए अपनी ओर से बेहतरीन प्रयत्न करें।

32

उन बातों से त्रस्त नहीं हों, जो अभी हुई ही नहीं

उत्कंठा अमूर्त होती है

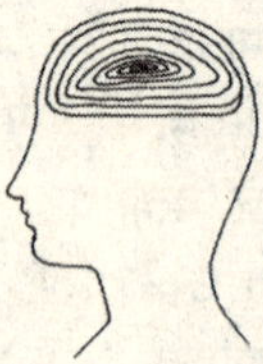

व्याकुलता :
यह वास्तव में कहाँ होती है?

कहते हैं कि ज़ेन बौद्ध धर्म का आरंभ बोधिधर्म नामक भिक्षु से हुआ। उन्होंने हुईक नामक शिष्य को अपना उत्तराधिकार सौंपा।

एक बार, हुईक ने बोधिधर्म को अपनी समस्या बताते हुए कहा।

“मेरा मन सदा व्याकुल रहता है। कृपया इसे शांत करने में मेरी मदद करें।”

बोधिधर्म ने उत्तर दिया, “मैं तुम्हारी व्याकुलता का अंत कर दूँगा। पर पहले, उसे मेरे पास लाना होगा। अगर तुम अपनी परेशानियों को मेरे आगे बिठा कर कहते हो कि मैं इन परेशानियों के बोझ तले दबा हूँ। मैं निश्चित रूप से उन्हें तुम्हारे लिए शांत कर दूँगा।”

यह सुन कर हुईक को पहली बार कुछ अनुभव हुआ।

“व्याकुलता” शब्द उसके दिमाग़ में था। वास्तव में तो वह सब अमूर्त था।

उसके भय अमूर्त थे, पर वह उनसे चिपका बैठा था। उसे इन बातों की व्यर्थता दिखाई दी।

जो बातें अभी घटी भी नहीं, उनके लिए अभी से परेशान होने की आवश्यकता नहीं है। केवल उसके बारे में सोचें जो इस समय घट रहा हे।

लगभग सभी चिंताएँ अमूर्त होती हैं। वे आपके अपने ही मन की उपज हैं।

33

अपने काम में आनंद लें

काम ही आपके आंतरिक नायक
को बाहर लाता है

आनंद आपके भीतर छिपा है

कहते हैं रिंज़ाई ज़ेन भिक्षु अपने भिक्षुओं को प्रशिक्षण में एक सीख देते थे, "जहाँ भी जाओ, स्वामी बनो। फिर, जहाँ भी तुम स्वयं को पाओगे, चीज़ें वैसी ही होंगी, जैसी वे सच में हैं।"

भले ही कोई भी हालात या परिस्थितियाँ क्यों नहीं हों, हमेशा यही प्रयत्न करें कि आप अपने सच्चे अस्तित्व - अपने सच्चे नायक को बाहर ला सकें ताकि जो भी दिख रहा है, उसका सामना किया जा सके।

अगर हम इसी तरह हर चीज़ का सामना करेंगे तो हम सभी सत्य का सामना करने में सक्षम होंगे। तब हम अपने भीतर परमानंद को पा सकेंगे। इस सीख का यही अर्थ है।

जब हमें कुछ मनचाहा काम नहीं दिखता तो हम उसे करने के नाम पर उलाहने देते हैं। हम कहते हैं, "इसे कोई भी कर सकता है", "वे हमेशा मुझे ही यह काम सौंप देते हैं।" परंतु इस रवैए के साथ आपको कभी अपने काम में आनंद नहीं मिल सकता।

जो लोग अपने हाथ के काम को भरपूर आनंद के साथ करते हैं, उनके पास आंतरिक शांति पाने की संभावना अधिक हो जाती है। अक्सर वे जिस चीज़ का आनंद ले रहे होते हैं, उनके सामने दिखने वाली चीज़ें - उनके भीतर अवसर में बदलने की संभावना होती है।

आप जिस जगह स्वयं को अभी पाते हैं, आपकी भूमिका, आप जिन लोगों से आज मिले, हर छोटी चीज़... आप नहीं जानते कि उनमें से क्या आपके लिए अवसर बन सकता है। आप जो भी कर रहे हों, उसे करना छोड़ें और जीना आरंभ करें।

34

बस स्वयं को डुबो दें

बंधन मुक्त होने की असीम शक्ति

अपने मन को ख़ाली रखें और इसे कहीं दूसरी जगह भटकने नहीं दें

ज़ेन अभ्यास में एक कहावत है, *मुनेन मुसो*। यह एक ऐसी अवस्था है जो सांसारिक इच्छाओं और मन को भटकाने वाले विचारों से परे है। इसे *मुशिन* या "स्पष्ट मन" भी कह सकते हैं। आप मन को रिक्त कर देते हैं, इसे कहीं ओर लगने या भटकने नहीं देते।

इस तरह आप उन बातों पर केंद्रित हो सकते हैं, जो अब जीवन की दूसरी बातों की परवाह छोड़ कर, अभी की जानी हैं। यह एक सीख है जो यह सिखाती है कि अगर हमारे पास स्पष्ट मन हो तो हम अद्भुत शक्ति के स्वामी हो सकते हैं।

ईदो युग (1603–1868) से एक ज़ेन मास्टर हुए हैं, ताकुआन। उन्होंने फ़ेन्सिंग के जापानी रूप का रहस्य बताया है जिसे केंदो भी कहते हैं: "जब आप किसी और तलवारबाज़ के सामने हों, और आप सोचते हैं कि उसके कंधे पर वार करने का सही समय है, तब आपका मन उसके कंधे पर जा अटकेगा। अगर आप सोचते हैं कि यह उसकी बाजू पर वार करने का सही समय है, तब आपका मन उसकी बाजू पर जा अटकेगा। अगर आपको लगता है कि आप उससे जीत सकते हैं, तो आपका मन उससे जीतने के लिए तैयार होगा। अपने मन को भटकने नहीं दें और किसी एक स्थान पर टिकने नहीं दें। जब आप किसी एक बिंदु पर अपनी ऊर्जा निर्देशित करें, तो भी अपने मन को मुक्त रखें। यही तलवार का रहस्य है।"

यहाँ तक कि जब हम सोचते हैं कि हम अपने काम पर ध्यान दे रहे हैं, अक्सर हम स्वयं से कह रहे होते हैं, "इस काम से छुटकारा कब मिलेगा?" या "यह काम बहुत उबाऊ है।" जब हम किसी छुट्टी वाले दिन आराम कर रहे होते हैं तो उस दिन काम से जुड़े विचार हमें परेशान कर सकते हैं। आपके सामने जो कुछ हो, बस स्वयं को उसमें डुबोने की कोशिश करें। आप पाएँगे कि ऐसा करना अपने-आप में आश्चर्यजनक रूप से शक्तिशाली हो सकता है।

35

अपने सामने दिख रहे काम से पीछे नहीं हटें

काम को और अधिक आनंददायक बनाने का उपाय

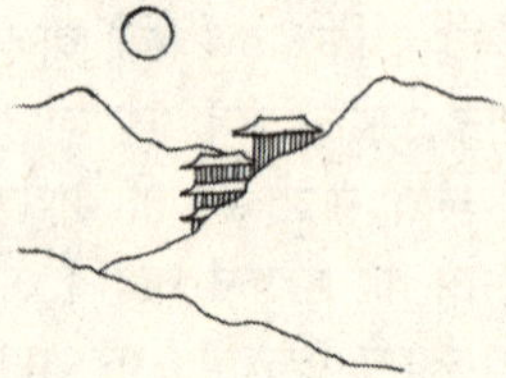

"जिस दिन काम नहीं हो, उस दिन भोजन भी नहीं हो"

ज़ेन अभ्यास में, काम को श्रम समझने के रूप में महत्त्व नहीं दिया जाता है, यही कारण है कि हम इसे *सामू* कहते हैं।

जब बौद्ध धर्म भारत में पहली बार जन्मा, भिक्षु किसी प्रकार का कोई उत्पादक कार्य नहीं करते थे - वे पूरी तरह से उन्हें मिलने वाली भिक्षा पर ही जीवित रहते थे। भोजन या धन की ये भिक्षा *सामू* कहलाती थी।

जब बौद्ध धर्म का प्रसार चीन में हुआ, तो पर्वतों के बीच मठ बनाए गए। भिक्षु पर्वतों से उतर कर आबादी में भिक्षा लेने नहीं जा सकते थे और इस तरह उन्होंने अपने खेत जोत कर, फ़सल उगानी आरंभ कर दी - जो एक तरह का अभ्यास बन गया। काम (सामू) ही सबसे महत्त्वपूर्ण हो गया - अगर कोई काम नहीं करता, तो वह खा भी नहीं सकता था। इसी तरह हमें ज़ेन मास्टर बाइज़ांग हुआइहइ से यह कहावत मिली, "जिस दिन काम नहीं हो, उस दिन खाना भी नहीं होना चाहिए।"

जब हम रोज़ काम करते हैं तो हम अपने सामने दिख रहे काम और उससे मिलने वाले लाभों में आसक्त हो जाते हैं परंतु मेरा मानना है कि मास्टर बाइज़ांग की चिंतन शैली में काम का सार छिपा है।

उस भाव में, अपने काम को *सामू* या सजग काम के रूप में देखें। इसे किसी ऐसी चीज़ के रूप में देखें जो आपको पोषित करेगी या शिक्षा प्रदान करेगी।

केवल इस तरह सोचने से ही आप कार्य में छिपे सच्चे आनंद को अनुभव कर सकेंगे।

36

दूसरों को दोष नहीं दें

यह चिंतन शैली आपके लिए अवसर और सौभाग्य लाएगी

जो भी कार्य कर रहे हों, उसका सामना करें

कार्यालय में, ऐसे बहुत से लोग होते हैं जो नतीजे लाते हैं और ऐसे लोग भी होते हैं जो कभी कुछ असरदार नहीं कर पाते। इसकी व्याख्या कैसे कर सकते हैं?

प्रायः मनुष्य बुनियादी तौर पर एक जैसी क्षमताएँ ही रखते हैं।

अगर कुछ ऐसा है जो हमारी ओर से पैदा किए जाने वाले नतीजों में परिवर्तन ला सकता है, तो यह मानसिकता हो सकती है जिसमें हममें से प्रत्येक अपने सामने दिख रहे काम के साथ पेश आता है।

आप जो भी कार्य कर रहे हों, इस अवसर के लिए आभार प्रकट करें। प्रसन्न हों कि आपको काम करने का अवसर मिला। मैं बहुत आदर्शवादी नहीं बनना चाहता - बस आपके आगे महान स्त्री-पुरुषों के कहे वचन ही दोहरा रहा हूँ।

अगर आपको लगता है कि कोई काम आप पर थोपा गया है, तो आपको वह काम बोझ लगेगा जिससे नकारात्मक भावनाओं का जन्म होगा। ज़ेन के अभ्यास में भी यही होता है। जब आप स्वयं से कहते हैं, "मुझे हर रोज़ सुबह बगीचे में काम क्यों करना पड़ता है?" उसी क्षण से आपका प्रशिक्षण निरर्थक हो जाता है।

एक मनुष्य के रूप में हम जो भी करते हैं, वह अनमोल है। अगर हम अपने किए हुए काम में अर्थ पाना हो तो पहले अपने काम का सर्वेसर्वा बनना होगा। आप अपने काम में अहम भूमिका रखते हैं। अगर आप काम के साथ इसी रवैए से पेश आते हैं तो सारा काम सार्थक और अमूल्य होगा।

37

अपनी तुलना दूसरों से नहीं करें

अगर आप ऐसा महसूस करते हैं तो आप ग़लत काम कर रहे हैं

किसी भी काम में, बस काम को जारी रखना ही सबसे कठिन होता है

“मैं इस समय जो काम कर रहा हूँ, वह मेरे मन की सच्ची पुकार है।” जो भी यह कह सकता है, वह वास्तव में भाग्यवान है।

अधिकतर लोग इसी तरह सोचते हैं। “क्या यह नौकरी वास्तव में मेरे लिए उचित है? हो सकता है कि मैं किसी और काम के लिए अधिक उपयुक्त होता?”

निश्चित रूप से लोगों के अपने नज़रिए होते हैं।

परंतु धैर्य के नाम पर भी तो कुछ कहा जा सकता है।

ज़ेन भिक्षु प्रतिदिन एक जैसे कार्य करते हैं - जल्दी उठना, बगीचे की साफ़-सफ़ाई और उसे पवित्र करना, धार्मिक सेवा के कार्य करना। वे उसी दोहराव में ही अपने लिए शिक्षा भी पा लेते हैं।

अगर आपके पास ऊर्जा है तो आप कुछ न कुछ अवश्य आरंभ कर सकते हैं। तब काम समाप्त करना भी आसान होगा। मुश्किल बात यह है कि काम को जारी कैसे रखा जाए। अगर आप स्वयं से लगातार यही कहते जाते हैं कि आपके लिए कुछ ग़लत है, तो वह आपके लिए कभी सही कैसे हो सकेगा?

हमारे भीतर दूसरों से अपनी तुलना करने की प्रवृत्ति पाई जाती है। हमें पड़ोसी के काम के घटे हुए भार से जलन होती है। किसी प्रतिभावान को देख कर हम जलते हैं। परंतु अंत में, काम के उन दोहरावों में ही आनंद है जो आपके लिए अनुकूल हों।

38

जो आपके पास ना हो, उसकी चाहत नहीं रखें

यहीं और अभी संतुष्ट हों

परिणाम प्राप्त करने का त्वरित मार्ग

एक कहावत है, "गर्मी का मौसम आग जलाता है और सर्दी का मौसम हवा देता है" जो असमय और निरर्थक बातों की सूचक है। परंतु निश्चित रूप से ऐसा समय भी आएगा, जो तत्कालीन समय में उपयोगी नहीं था, वही आगे चल कर उपयोगी होगा। मैं आपसे कह रहा हूँ कि पूरे धैर्य से उचित क्षण आने की प्रतीक्षा करें।

भले ही इसे काम कहा जाता हो, कुछ नौकरियाँ दिखने में बहुत अच्छी और आलीशान लगती हैं और कुछ काम सामान्य तथा अरोचक जान पड़ते हैं। सभी चीज़ें एक सी हैं, मनुष्य की प्रवृत्ति अपने लिए आलीशान दिखने वाली नौकरी चाहती है।

परंतु जो आलीशान और ग्लैमर से भरपूर नौकरी में होते हैं, उनके लिए सब कुछ हमेशा इस तरह ग्लैमरयुक्त नहीं था। आप अभी जो देख रहे हैं, वह साधारण कामों पर लगातार, पूरी स्थिरता के साथ काम करने का सामूहिक नतीजा है।

आज आपको जो अनुपयोगी लगता है, वही आपके लिए शुभ हो सकता है। जब आप वर्तमान क्षण में कठिन श्रम करते हैं तो आपका एक भी प्रयास व्यर्थ नहीं जाता।

आपका बॉस आपसे पूछ सकता है, "मेरे लिए यह काम कौन कर सकता है?" यह एक उबाऊ काम हुआ तो कोई इसके लिए हाथ खड़ा नहीं करेगा। पर आप ठीक इसी क्षण में हाथ खड़ा कर सकते हैं, "मैं इसे कर सकता हूँ।"

ऐसा व्यक्ति बनें जिसके पास कुछ इसी तरह का रवैया हो। यह निश्चित तौर पर पुरस्कृत होगा।

39

बीच-बीच में सोचना बंद करें

जहाँ विचार छिपे हो सकते हैं

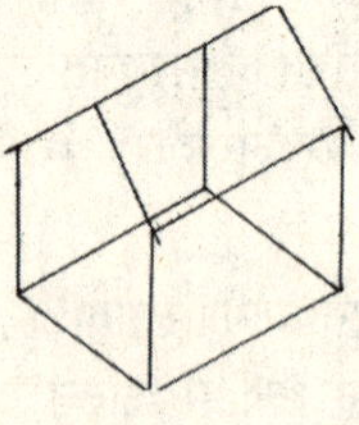

आपके मन में जगह होने के लाभ

किसी चीज़ के बारे में नहीं सोचने की ख़ाली अवस्था। इसे प्राप्त करना आसान नहीं है। ध्यानरत भिक्षुओं को भी कठिन जान पड़ती है।

पर जब आप मुड़ कर अपने दिनों को देखते हैं, तो आपको अहसास होता है कि ऐसे कुछ क्षण थे जब आप उसने अचेतन ही पा लिया था।

आपने आकाश की ओर देखा और सोचा, "आह, कितना सुंदर बादल" और उसे ख़ाली नज़रों से देखते रहे। फिर आप अपनी तंद्रा से बाहर आए और कहा, "ओह, मैं क्या सोच रहा था।"

मैं चाहता हूँ कि आप जीवन में ऐसे क्षणों को सराहें।

कार्यालय में, जब कोई समस्या हल करनी होती है, तो हर कोई अपनी ओर से उचित उपाय देना चाहता है। आप एक क्षण के लिए भी सोचना बंद नहीं करते और लगातार दिमाग़ पर ज़ोर देते रहते हैं।

पर जब आप किसी अच्छे उपाय की ख़ोज में होते हैं तो कई बार यह सजग प्रयत्न ही आपके लिए विपरीत हो सकता है।

दरअसल विचार या चिंगारी आपके दिमाग़ के ख़ाली स्थान में ही पनपते हैं - आपके विचारों के बीच के अंतराल में!

उन विचारों के बीच के अंतराल को बढ़ाने के लिए, उन क्षणों को सराहें जब आप किसी चीज़ के बारे में नहीं सोच रहे।

40

अंतर पैदा करें

तनाव से मुक्त होने का बेहतरीन उपाय

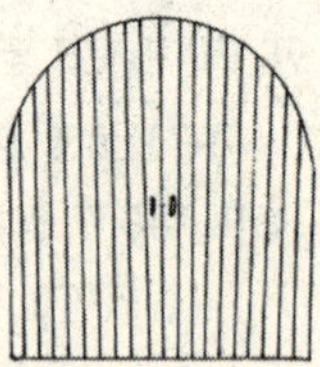

मन में द्वार खड़े करने का प्रयत्न करें

जब हम सुबह सो कर उठते हैं, तो उठते ही अपना कंप्यूटर चला कर मेल देखते हैं या मोबाइल फ़ोन पर समाचार देखते हैं और मौसम का हाल जानते हैं।

हम लगातार सूचना के दौर में जी रहे हैं, जो किसी भी समय और किसी भी स्थान पर उपलब्ध है। परंतु ऐसी दुनिया में, ऐसे अनेक कारण हैं जिन्हें देखते हुए हमें अपने लिए उपयुक्त ऑन-ऑफ़ स्विच बनाना होगा।

यही वजह है कि अंतर इतने ज़रूरी हैं।

आप अपने मन में कुछ द्वार बनाने की कोशिश करें।

मिसाल के लिए, आपके घर का भूखंड पहला द्वार है। जब आप घर से निकल कर पहला द्वार लाँघते हैं, तो काम के विचार दिमाग़ में चक्कर लगाने लगते हैं। आपकी कार या गाड़ी का दरवाज़ा दूसरा द्वार है। अंत में, जब आप कार्यालय जाते हैं और तीसरे द्वार से प्रवेश करते हैं, तो आप काम पर केंद्रित होने को तैयार होते हैं।

जब काम का समय समाप्त होता है और आप पहले द्वार के पास वापस जाते हैं, तो उस समय काम को पीछे छोड़ना महत्त्वपूर्ण होता है।

जो बचा समय है उसमें आराम करें। अपने घरेलू जीवन का आनंद लें।

यही तनाव से मुक्ति पाने का बेहतरीन उपाय है।

41

ज़ाज़ेन सत्र में शामिल होने की कोशिश करें

आपके मन का कचरा बुहारने का अवसर

आप अपना तनाव और चिंता मठ में छोड़ सकते हैं

अनेक ज़ेन मठों में *ज़ाज़ेनकाई* या लोगों के लिए ज़ाज़ेन करने के स्थान होते हैं।

मैं केनकोजी मठ में रेज़ीडेंट भिक्षु हूँ, जहाँ साप्ताहिक *ज़ाज़ेनकाई* होता है। इसमें कुछ भी चुनौतीपूर्ण नहीं है। जब आप एक बार इसकी बुनियादी बातों को सीख लेते हैं, तो इसे कोई भी कर सकता है।

हम ज़ाज़ेन में शांत बैठ कर, पेट से श्वास लेते हैं। इस तरह, पूरे शरीर को सर्दी के मौसम में गरमाहट दी जा सकती है। जब आप गहरी श्वास लेते हैं, तो रक्त आपके पैर की अँगुलियों तक प्रवाहित होता है और आपको गरमाहट का अहसास होता है।

हाल ही के शोधों से पता चला है कि जब आप ज़ाज़ेन में बैठते हैं, तो आप अल्फ़ा अवस्था में आ जाते हैं और इससे जुड़ी अल्फ़ा तरंगों के कारण शरीर विश्रांत होता है।

लोग चिंताओं और परेशानियों के बोझ तले दब कर मठों में आते हैं। फिर वे ज़ाजेन में शांत बैठ कर, अपने अस्तित्व को शांत करते हैं।

जब वे मठ से वापस जाते हैं तो अपनी चिंताओं को वहीं छोड़ देते हैं।

इस अभ्यास के बाद उनके मुख पर एक अलौकिक भाव दिखाई देता है। जब भी मैं इसे देखता हूँ तो मुझे बहुत प्रसन्नता का अनुभव होता है।

किसी *ज़ाज़ेनकाई* में हिस्सा लेने का अवसर मिलने से, मन से व्यर्थ का कचरा दूर किया जा सकता है।

42

एक फूल उगाएँ

कोई भी दिन, आज के दिन से
उपयुक्त नहीं है

प्रकृति के संसार में, हर दिन एक नया दिन है

किसी बीज से केवल एक फूल उगाने के बारे में सोचें। किसी पात्र में बीज बो दें। इसे हर सुबह पानी देते हुए बात करें। आपके सामने ही एक पौधा अंकुरित होगा और फिर उसमें फूल लगेगा। हर दिन, हर घंटे, हर मिनट – फूल बड़ा होगा और आप उसके सारे परिवर्तनों को देख सकेंगे।

प्रकृति के संसार में हर दिन, नया दिन है। मनुष्यों के रूप में, हमारे भीतर अतीत से जुड़ने की प्रवृत्ति है परंतु एक फूल लगाने के बाद हम जान सकते हैं कि कोई भी चीज़ या व्यक्ति एक ही स्थान पर नहीं रह सकता।

एक ज़ेन जीवनशैली निरंतर प्रकृति के संपर्क में रहती है। हम प्रकृति में बसने वाले प्राणों का बोध पा कर, स्वयं को इसके एक हिस्से के रूप में महसूस करते हैं। उसी सजगता से आपके भीतर कल्याण और मानसिक शांति प्रकट होती है।

हर सुबह, मैं मठ के बगीचे से निकलता हूँ। बाग वही है, परंतु हर रोज़ नया लगता है। धूप और बरसात के दिनों में विविधता होती है, झड़ने वाले पत्तों की संख्या रोज़ अलग होती है। बाग हर दिन नए रूप में सामने आता है।

हम कहते हैं, "हर दिन नया है और अगले दिन से फिर नया होता है।"

हम इंसानों के लिए भी ऐसा ही होता है। आज के काम आज ही समाप्त होंगे। आने वाले कल में आप भी नए होंगे। इसलिए आपको चिंता करने की आवश्यकता नहीं है।

43

उपयुक्त तरीक़े से आरंभ करें

एक उर्ध्वगामी लहर पैदा करें

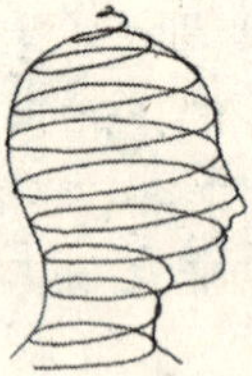

अपने आसपास सब कुछ अच्छा कैसे उत्पन्न करें

जापान में, नव वर्ष के आरंभ में हम मठ में दर्शन करने जाते हैं। आने वाले वर्ष में सौभाग्य कामना के लिए समारोह का आयोजन होता है।

अच्छा सौभाग्य अपने साथ और अच्छा सौभाग्य लाता है। दुर्भाग्य, दुर्भाग्य को न्यौता देता है। ये सभी एक उपयुक्त आरंभ करने के लिए कारण हो सकते हैं।

यही काम पर भी लागू होता है। मिसाल के लिए, आपको अचानक नई नौकरी मिलती है। अगर आप इस अवसर का लाभ उठा कर स्वयं को काम में रमा देते हैं, तो इस तरह आपके लिए एक और नौकरी का अवसर सामने आ सकता है। अगर आप सौभाग्य को सराहते हैं तो इसके बाद आने वाले सौभाग्य से एक लहर बन सकती है।

दुर्भाग्य के लिए इससे विपरीत सत्य है। जब आप एक बार दुर्भाग्य में उलझते हैं, तो आप नीचे की ओर गिरते चले जाते हैं।

जब आपको लगे कि सब कुछ सही नहीं चल रहा तो स्वयं को तेज़ आवाज़ में डाँटने का प्रयत्न करें। ज़ेन में, जब साधक प्रबोधन के पथ पर भटकते हैं तो हम उन्हें चेताने के लिए *कात्सु* शब्द का प्रयोग करते हैं। सही समय पर *कात्सु* किया जाए तो सब कुछ बदला जा सकता है।

दुर्भाग्य को सामने आते ही काट दें। यह ध्यान दें कि आप सौभाग्य का लाभ ले सकें। यही एक अच्छे जीवन का रहस्य है।

44

अपने अस्तित्व को प्रसन्न करें

एक तावीज़ पास रखने का अर्थ

एक तावीज़ आपका अंतरंग मित्र है

कई बार मठ में आने वाले आगंतुक मुझसे ये प्रश्न करते हैं :

"मास्टर, कौन सा तावीज़ अधिक शक्तिशाली है? किसका असर सबसे अधिक होगा?"

लोगों के मन में तावीज़ को ले कर कई ग़लतफ़हमियाँ हैं, इसलिए मैं उन्हें समझाने की कोशिश करता हूँ।

"तावीज़ को एक इष्ट की वेदी या स्वयं बुद्ध जानें। आप पूरे एक वर्ष तक इष्ट का ध्यान रख रहे हैं। आपको उनकी रक्षा करनी है। जब आप तावीज़ को सँभालते हैं तो उस समय आप अपने अस्तित्व को भी सँभाल रहे हैं।"

आपको लग सकता है कि शायद तावीज़ रखने से आपके रवैए में लापरवाही आ सकती है क्योंकि आपको लगेगा कि तावीज़ आपकी रक्षा करेगा। परंतु आपको ऐसा नहीं सोचना चाहिए। जब आप अपने अस्तित्व के लिए लापरवाही दिखाते हैं तो उस समय आप अपने इष्ट को भी संकट में डाल रहे हैं।

इसे रोकने के लिए, हमेशा अपने व्यवहार पर ध्यान दें। अपने अस्तित्व का आनंद मनाएँ। यही तावीज़ साथ रखने का सच्चा अर्थ है।

45

सादी सोच अपनाएँ

यदि आप वास्तव में मन को संतुष्ट करना चाहते हैं

जो छिपे रूप में आकर्षक लग सकता है...

मैं आपको एक प्रसंग सुनाना चाहता हूँ, जो मेरे किसी परिचित के साथ घटित हुआ था।

उसे *ओमुरइसु* खाने की इच्छा हो रही थी। यह व्यंजन आमलेट में लिपटे फ़्राइड राइस के साथ बनता है जिसे कैचअप के साथ परोसते हैं। जब वह रेस्त्राँ में इसे खाने गया और मेन्यू देखने लगा तो उसका ध्यान *हयाशी-रइसु* की ओर गया। यह मांस और चावलों का व्यंजन है। मेन्यू में हर चीज़ के नाम के साथ तसवीर लगी थी, इसलिए वे और आकर्षक दिख रही थीं। जब वह सोच ही रहा था कि उसे क्या खाना चाहिए, उसने देखा कि वे *ओमु-हयाशी* भी बनाते थे, यानी दोनों व्यंजनों का मेल; उसने ख़ुशी से अपने लिए वही ऑर्डर कर दिया।

उसे अपने इस निर्णय से संतुष्ट होना चाहिए था। पर आख़िर में उसे किसी भी व्यंजन का स्वाद नहीं आया। उसे उन दोनों में से कोई एक व्यंजन ही लेना चाहिए था।

शायद किस्सा आपको विचित्र लगे पर उम्मीद करता हूँ कि आपको संदेश समझ आ ही गया होगा।

जब भी आप किसी चीज़ के लिए अनिश्चित हों, तो सरलता ही सबसे बढ़िया उपाय होता है।

समाधि (ध्यान से प्राप्त गहन एकाग्रता की अवस्था) के बारे में एक ज़ेन कहावत है : *इचिग्यो ज़नमई।* इसका अर्थ है, "केवल एक चीज़ के लिए प्रयत्न करो।" इधर-उधर भटकने के बजाए, आपके पास जो हो, उस पर ही केंद्रित रहो। यही संतोष और भरपूर होने का अहसास पाने का एकमात्र उपाय है। हालाँकि जब आप सचमुच *ओमु-हयाशी* खाना चाहें, तो आपको वही खाना चाहिए।

46

परिवर्तन से भयभीत नहीं हों

अतीत से मोह त्याग दें

परिवर्तन में भी एक सुंदरता छिपी है

बसंत के आगमन के साथ ही, चैरी के फूले हुए वृक्षों को देख कर मन प्रसन्न हो जाता है।

बंद कलियों के खिलते ही चारों ओर बहार छा जाती है। पर एक ही सप्ताह में पंखुड़ियाँ झड़ने लगती हैं और चैरी के वृक्षों से पत्ते अंकुरित होने लगते हैं। पत्तियों का झड़ना भी बहुत गरिमामयी लगता है। यह एक निरंतर और कभी ना बदलने वाला दृश्य है। इसकी सुंदरता मंत्रमुग्ध कर देती है।

जापानी, खिली हुई चैरी की सुंदरता की क्षणभंगुरता को सराहते हैं। हमें इन फूलों में जीवन की क्षणभंगुरता के दर्शन होते हैं। कहते हैं कि इन फूलों की इसी क्षणभंगुरता के सौंदर्य की सराहना ने ही, ज़ेन बौद्ध धर्म को जड़ें जमाने और पूरे जापान में प्रसारित होने के योग्य बनाया। दरअसल, ज़ेन विचार और चैरी के पुष्पों के प्रति आदर भाव में एक गहरा संबंध है।

हमारे जीवन के साथ भी ऐसा ही है। सब कुछ निरंतर बदल रहा है। जब हम बूढ़े होते हैं तो हमारे आसपास के माहौल में बदलाव आता है।

इन बदलावों से भयभीत होने की आवश्यकता नहीं है।

एक लोचयुक्त कोमल मन इस बदलाव को स्वीकार करता है और अतीत से जुड़ाव नहीं रखता। बदलाव को कोसने के बजाए, यह इसमें नई सुंदरता और आशा को पा लेता है। ऐसा ही जीवन पाने की आकांक्षा होनी चाहिए।

47

परिवर्तन को लक्ष्य करें

बाक़ी सब कुछ इसी सजगता
से उपजा है

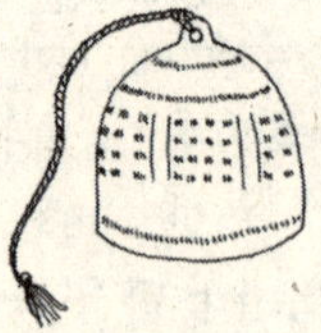

स्वयं को एक स्थिर बिंदु से देखने का प्रभाव

प्रायः ज़ेन साधक सुबह चार बजे जाग जाते हैं। ज़ेन में, हम सुबह उठने के समय को *शिनरेई* या घंटा बजना कहते हैं, क्योंकि इसे हाथ की घंटी बजा कर बताया जाता है।

भिक्षु मुँह-हाथ धो कर, सवा चार बजे ज़ाज़ेन के लिए बैठते हैं। हम इसे *क्योटेन* या "सुबह" का ज़ाज़ेन कहते हैं। रात को सोने से पहले का ज़ाज़ेन, *काइचिन* कहलाता है जो रात को नौ बजे होता है। हम सात घंटे की नींद लेते हैं। हम एक नियमित जीवनशैली जीते हैं।

ज़ेन भिक्षु इस तरह का जीवन क्यों जीते हैं?

ताकि वे अपने मन और शरीर में होने वाले सूक्ष्म परिवर्तनों से एकात्म हो सकें। अगर आप स्वयं को बदलना चाहें, तो पहले अपने भीतर होने वाले किसी भी बदलाव के लिए सजग होना बहुत महत्त्व रखता है।

हो सकता है कि आप आज कुछ ऐसा करने में सक्षम हो सकें, जो आप कल नहीं कर सके थे। हो सकता है कि आज आपका मनोभाव ठीक वैसा ना हो, जैसा कल था। किसी स्थिर बिंदु से निरीक्षण करने पर, आप स्वयं को वास्तविक रूप में देख सकते हैं। इसी तरह आप अपने मन और शरीर की बेहतर देख-रेख करते हुए, उन्हें निखार सकते हैं।

सजग रूप से जीने वाले जीव रात को ज़ल्दी सोते हैं और सुबह ज़ल्दी उठते हैं।

यही सरल और संतुष्ट जीवन जीने का रहस्य है।

48

सोचने के बजाए महसूस करें

जीवन के प्रति सच्ची उमंग को बढ़ाने के लिए

छोटे बदलाव महसूस करने वालों को लाभ

पहले जमाने में मछुआरे जानते थे कि मौसम की भविष्यवाणी कैसे की जा सकती थी। उन्हें आधुनिक समय की मौसम की पूर्वानुमान तकनीकों का प्रयोग किए बिना भी हवा की दिशा या बादलों को देख कर अनुमान लगाना आता था। इस कौशल के अभाव में, उनकी जान को जोख़िम हो सकता था।

वे पानी के रंग या पक्षियों के व्यवहार को देख कर यह अनुमान भी लगा सकते थे कि पानी में मछलियाँ किस ओर होंगी। उन्होंने अपनी इंद्रियों को निखारने में स्वयं को समर्पित कर दिया था ताकि उनकी प्राण रक्षा हो सके और वे अपनी आजीविका कमाने लायक़ मछली पकड़ सकें।

जब इस तरह की संसाधन-संपन्नता नतीजे देती है, तो मन को संतुष्टि मिलती है।

मैं भी इंद्रियों की क्षमता निखारने में विश्वास रखता हूँ। यह जीवन के अनेक आनंदों में से एक है।

सड़क के किनारे पड़ा कोई पत्थर उठा कर उसे हाथ में ले कर उसकी बनावट महसूस करें, उसकी गंध लें। पत्थर के अगले और पिछले हिस्से की गंध अलग होगी। आपको लग सकता है कि पत्थरों की गंध एक सी होती होगी, पर समंदर के पत्थरों की गंध समंदर जैसी और पहाड़ के पत्थरों की गंध पहाड़ों जैसी होती है। आपके आसपास की इन बातों के विस्तार में जाते हुए, उनमें रुचि लें। अपनी इंद्रियों की मदद से प्रकृति में आने वाले बदलावों पर ध्यान दें।

अपनी इंद्रियों को निखारें ताकि आप छोटे से भी परिवर्तन पर नज़र रख सकें।

49

चीज़ों को व्यर्थ नहीं करें

उदाहरण के लिए, मूली के पत्ते खाने की चेष्टा करें

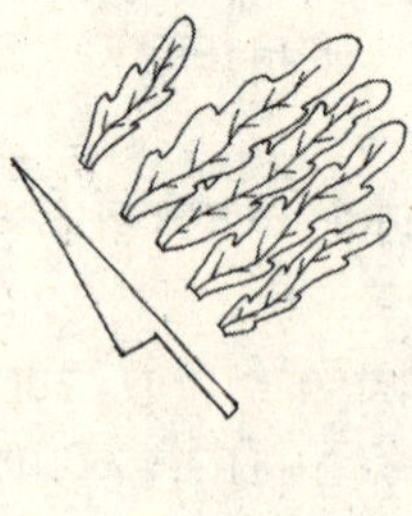

एक "ज़ेन मन" क्या है?

यदि मुझे कुछ शब्दों में, ज़ेन मन के बारे में बताना हो, तो मैं कहूँगा कि यह हर चीज़ के सदुपयोग से संबंध रखता है।

उदाहरण के लिए, जब हम भोजन पकाते हैं तो किसी भी चीज़ को नहीं फेंकते। आप मूली के पत्ते ही लें : अधिकतर लोग इन्हें कचरे में डाल देते हैं पर अगर आप इनका अचार डाल दें तो यह आपके लिए स्वादिष्ट सहायक व्यंजन हो सकता है।

हम बचा हुआ भोजन भी नहीं फेंकते। अगर हमें अहसास होगा कि हमें एक बार में उतना खाना नहीं खा सकते तो उसे उसी समय दूसरे को दे देते हैं।

इस तरह के अभ्यास से मन में निखार आता है।

सादा चीज़ों की सुंदरता में ही ज़ेन का सार छिपा है। उन चीज़ों में भी सुंदरता छिपी है, जिनमें कुछ भी अनावश्यक या फिर सजावट नहीं है। मिसाल के लिए, एक भवन में, आप ढाँचे या कच्चे माल में सुंदरता को सराह सकते हैं। अनावश्यक सजावट से इसकी अनिवार्य सुंदरता नष्ट होगी। हम चीज़ों को इसी रूप में देखते हैं।

बुनियादी सामग्री या वस्तुओं को सराहें, चाहे वे जो भी हों।

यह आपके मन और जीवनशैली को निखारने का सरल सा उपाय है।

50

किसी एक सीमित नज़रिए में नहीं बँधें

"एक समुचित" तरीक़े से भी अधिक बहुत कुछ है

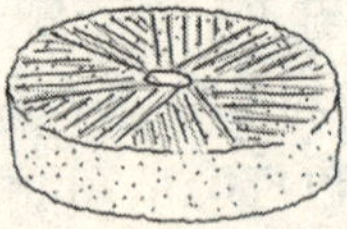

मिटाटे की अवधारणा

जापान में हम *मिटाटे* की अवधारणा के बारे में बात करते हैं - किसी वस्तु को उसके मूल रूप में देखने के बजाए, किसी और वस्तु के रूप में देखना; उसे किसी दूसरी चीज़ के प्रतीक रूप में देखना या इसे किसी और रूप में प्रयुक्त करना। *मिटाटे* की भावना का परिचय प्राचीन टी सेरेमनी के सौंदर्य बोध में छिपा है, जिसमें साधक रोज़मर्रा के उपयोग की चीज़ों को उन्नत रूप में प्रयुक्त करते हैं - उदाहरण के लिए, एक तुरई, जो मूल रूप से पानी का बर्तन थी, उसे किसी फूलदान की तरह प्रयोग में ला सकते हैं।

कई सालों तक प्रयोग में लाने के बाद बर्तन घिस जाते हैं। किसी चीज़ की उपयोगिता चलन में नहीं रहती। पर इसका अर्थ यह नहीं कि उसका जीवन समाप्त हो गया। आप उसे किसी और उपयोग में लाते हुए, उस वस्तु में नए प्राण डाल सकते हैं। ज़ेन के मूल में यही भावना छिपी है।

उदाहरण के लिए एक चक्की को ही लें। कई सालों के इस्तेमाल के बाद यह किसी काम ही नहीं रहती। इसमें अनाज के दाने नहीं पिस पाते परंतु इसका अर्थ यह नहीं कि इसका जीवन वहीं समाप्त हो जाएगा। इसे आप बगीचे में पैर रखने के लिए प्रयोग में ला सकते हैं। चाय के जिस प्याले में दरार आ गई हो, उसमें आप कली सजा सकते हैं।

वस्तुओं का केवल कोई एक उद्‌देश्य नहीं होता। इन्हें आप विविध रूपों में प्रयोग में ला सकते हैं, जो इस्तेमाल करने वाले की कल्पना पर निर्भर करता है। आप किसी वस्तु का प्रयोग कैसे करेंगे? यही मिटाटे की सौंदर्य बोध संबंधी अवधारणा है।

वस्तुओं के संग्रह में प्रचुरता नहीं है, यह जानने में हैं कि चीज़ों को सही तरह से प्रयुक्त कैसे करना है।

चीज़ों को अलग नज़रिए से देखने की कोशिश करें ताकि आप केवल “उचित तरीक़े” से ही बँध कर नहीं रहें।

51

अपने दिमाग़ से सोचें

सामान्य बुद्धि के प्रति संदेह रखें

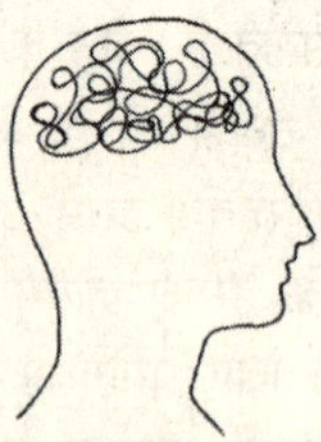

ज्ञान और विवेक एक जैसे हैं परंतु एक नहीं हैं

ज्ञान और विवेक - भले ही एक जैसे दिखें परंतु एक नहीं हैं। आप स्कूल में जो कुछ सीखते हैं या अपने-आप सीखते हैं - यही ज्ञान है।

वहीं दूसरी ओर, विवेक वह है जब आप इन चीज़ों को सही मायनों में प्रयुक्त करते हैं।

एक प्रसन्न जीवन जीने के लिए ज्ञान और विवेक दोनों ही महत्त्व रखते हैं। आप एक पर किसी दूसरे को वरीयता नहीं दे सकते। इन्हें संतुलित रखें।

ज़ेन भिक्षु इकियु अपनी हाज़िरजवाबी के लिए जाने जाते थे, वे अक्सर अपने ज्ञान और विवेक के बल पर कठिन समस्याओं के अद्भुत उपाय सुझाते थे। मेरे मतानुसार, जो लोग ज्ञान को निश्चित परिस्थितियों में लागू करने का हुनर रखते हैं, उनके लिए संसार में कुछ भी मुश्किल नहीं रहता।

आज के संसार में, जब हम लगातार सूचना से घिरे हुए हैं, अक्सर हम सोचने के लिए अपने ही मस्तिष्क का प्रयोग नहीं कर पाते। कई बार तो ऐसा लग सकता है मानो हम ज्ञान के मारे फटने वाले हों।

परंतु आप अपना जीवन किस तरह जीते हैं, यह आपका अपना निर्णय है। यही वजह है कि आपके पास विवेक होना चाहिए - ताकि आप जीवन जीने के विविध उपाय जानने के बाद यह तय कर सकें कि आपके लिए क्या सही रहेगा।

उतना देखें, जितना आप देख सकते हैं। उतना महसूस करें जितना आप महसूस कर सकते हैं और यह ध्यान दें कि आपको अपने दिमाग़ से सोचना है।

52

अपने पर भरोसा रखें

जब आप हार मानते हैं तो आपकी संभावना
शून्य पर आ जाती है

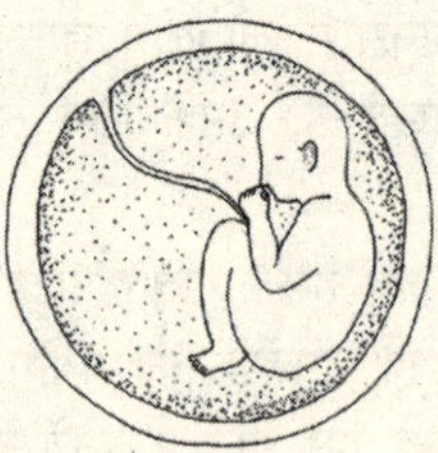

आत्मविश्वास से संभावना उपजती है

ज़ेन में हम कहते हैं, "सब कुछ शून्य से उभरा है।" ये ही शब्द निश्चित तौर पर मनुष्य के स्वभाव पर लागू हो सकते हैं।

हम सभी नग्न ही जन्म लेते हैं। उस समय हमारे पास कोई संपत्ति नहीं होती। बिलकुल ख़ाली हाथ आते हैं।

यदि दूसरे रूप में देखें, तो आप कह सकते हैं जब हमारे पास कुछ नहीं होता तो हमारे पास असीम संभावना होती है। इसी शून्य के बीच हम अनंत संभावनाएँ पा सकते हैं। या जैसा हम ज़ेन में कहते हैं, "शून्यता के भीतर ही असीम संभावना छिपी है।"

हम सबके अंदर क्षमता है - कोई भी संभावना रहित नहीं होता।

प्रश्न यह है कि इसे प्रकट कैसे कर सकते हैं?

जो लोग उलझा हुआ महसूस करते हैं या उन्हें लगता है कि वे अपना विश्वास खो चुके हैं, तो उन्हें अपना विश्वास रखना सीखना होगा।

अभी आपकी पूरी संभावना सामने नहीं आई है। अगर आप और अधिक संभावना को सामने लाने की चेष्टा करते हैं, तो आपको एक परिवर्तन दिखेगा। आप अपने भीतर छिपी संभावना पर विश्वास करेंगे।

जीवन सदा एक सा स्थिर नहीं रहता। कई बार हमारे प्रयासों का भी कोई फल नहीं मिलता। इसके बावजूद, अपने पर भरोसा रखने की कोशिश करें और अपनी ओर से बेहतरीन करें। आगे बढ़ने से भयभीत नहीं हों।

53

चिंता करने के बजाए, आगे बढ़ें

एक चुनौती का सामना करने का
कहीं आसान उपाय

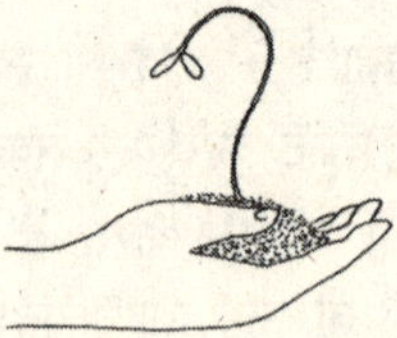

उनके लिए जो स्वयं अपने लिए व्याकुलता का बीज बोते हैं

मैं एक विश्वविद्यालय में पढ़ाता हूँ और नौजवान प्रायः नौकरी की तलाश के लिए राय लेने आते हैं।

मैं उनके मुँह से ऐसी बातें सुनता हूँ, "भले ही मैं पसंदीदा कंपनी में आवेदन दूँ पर हो सकता है कि मुझे जवाब नहीं मिले।" या "जब भी इस कंपनी की नियुक्ति के आँकड़े देखता हूँ तो लगता है कि ये हमारे विश्वविद्यालय से बहुत अधिक भर्ती नहीं करते।" बहुत से छात्र कोशिश करने से पहले ही मन हार जाते हैं।

मैं उनसे कहता हूँ, "आँकड़ों की इतनी चिंता मत करो। उस जगह जा कर स्वयं देखो।"

भले ही आप नौकरी या फिर आपसी संबंधों के लिए चिंतित हैं, अगर आप हर चीज़ का दिमाग़ पर बोझ रखेंगे, तो इसी तरह की भावनाएँ पैदा होंगी, "मैं ऐसा नहीं कर सकता", या "यह भी काम नहीं करेगा।"

पर अगर आप जी-जान से किसी भी काम में जुटते हैं, तो आपको यह देख कर हैरानी होगी कि आपके लिए कुछ पाना या कोई हल पा लेना कितना सरल था। जिस तरह बंजी जंपिंग या रोलर कोस्टर पर सवार होने से पहले होता है, उसे करने में डर नहीं लगता, उनकी शुरुआत से पहले का क्षण डरावना होता है।

ईमानदार बनें : क्या आप अपनी ही व्याकुलता के बीज बोते हैं?

अपनी ही बनाई भूल-भुलैया में भटकना समय की बरबादी से अधिक नहीं है।

अपनी ऊर्जाओं को सामने दिख रहे यथार्थ पर केंद्रित करें और एक बार में एक क़दम उठाएँ।

54

मन को लचीला बनाएँ

कड़ी मेहनत करने से क्या होता है ?

लचीला मन ही मज़बूत होता है

जब कोई हमारी निंदा करता है, हम उसी समय आहत अनुभव करते हैं। जब कुछ असुखद घटता है, तो हम उसे अपने दिमाग़ से नहीं निकाल सकते। हम दोबारा अपनी उचित मनोदशा पाने के लिए क्या कर सकते हैं?

मन को मज़बूत करने का एक उपाय यह हो सकता है कि आप इसकी शुद्धि करें।

जब हम शुद्धि करते हैं तो मन और मस्तिष्क, दोनों का प्रयोग होता है। जहाँ मानसिक प्रयत्न से कुछ सीखना महत्त्वपूर्ण हो सकता है, वहीं हमारा शरीर भौतिक श्रम से जो सीखता है, उसका हमारी मानसिक क्षमता पर गहरा असर हो सकता है।

ज़ेन बौद्ध धर्म के अभ्यास में, भौतिक श्रम के माध्यम से सीखना भी शामिल है। ज़ेन भिक्षु सुबह जल्दी उठते हैं और सफ़ाई करते हैं। जब सर्दी का मौसम हो तो गीले कपड़े से हर चीज़ की झाड़-पोंछ और बाहर की सफ़ाई करना, सबके लिए थोड़ा मुश्किल हो सकता है। परंतु जब हम सारी सफ़ाई कर लेते हैं और फिर उस साफ़-सुथरी जगह पर क़दम रखते हैं तो हम तरोताज़ा महसूस करते है। आप जब तक स्वयं साफ़-सफ़ाई नहीं करते, तब तक इसे महसूस नहीं कर सकेंगे।

कड़ा परिश्रम और धैर्य। कुछ लोग ऐसी बातें सुन कर त्यौरियाँ चढ़ाते हैं।

आप सोच रहे होंगे, “ऐसा काम करने से क्या उद्‌देश्य पूरा होता है?” इस तरह आप अपनी सेवा करते हैं।

जब हम दिल, दिमाग़ और शरीर के साथ कड़ा परिश्रम करते हैं, तो हम मज़बूत बनते हैं। हम कहीं अधिक बेहतर तरीक़े से, लोचयुक्त मन के साथ जीवन के लिए जवाबदेही तय कर सकते हैं।

55

सक्रिय रहें

ज़मीन से जुड़ें

कुछ काम तभी सराहे जा सकते हैं जब आप उन्हें स्वयं करें

ज़ेन में एक कहावत है : "गर्मी और सर्दी का अनुभव स्वयं लें।" इसका अर्थ है कि भले ही आप शीतल या गर्म के बारे में जितना भी बताने की कोशिश करें, यह संभव नहीं हो सकता। उदाहरण के लिए जल को ही लें, आपको इसे जानने के लिए छूना ही होगा। यही आपके अपने अनुभव का महत्त्व है।

जापान में एक टी.वी. से जुड़ी हस्ती, मियोको ओमोमो हैं। वर्ष 2004 में चुत्सु में आए भूकंप के बाद वे अपने गृहनगर निगाटा को देखने गईं। वे उसके पुनः निर्माण के बाद उस जगह दोबारा गईं और सोचने लगीं कि वे अपनी ओर से सबकी मदद के लिए क्या कर सकती थीं। वे किसानों के परिवार से थीं, इसलिए उन्होंने एक जगह ज़मीन ली और उस जगह धान की खेती करने लगीं। वे पूरे सप्ताह टोक्यो में अपनी नौकरी करतीं और सप्ताह के अंत में, अपने खेतों में काम करने चली जातीं। वे खेतों में खरपतवार उखाड़ने से ले कर, कटाई तक सारे काम स्वयं करती रहीं और उन्हें अपने कपड़े और हाथ मिट्टी में गंदे करने से कोई परहेज़ नहीं था।

मैंने उन्हें एक रेडियो कार्यक्रम में कहते सुना था, "मैंने पहले कभी उससे स्वादिष्ट चावल नहीं खाए थे। मानो मैं एक-एक दाने में केनोन (दया की देवी) को देख पा रही थी।"

वे अपने हाथों बोए, तैयार किए और काटे हुए अनाज के मोल को पहचान सकीं। वे वास्तव में "ज़मीन से जुड़ी" हुई थीं।

कुछ चीज़ें ऐसी होती हैं जिन्हें आप केवल तभी सराह सकते हैं, जब आप उन्हें स्वयं करते हैं।

56

उचित अवसर की प्रतीक्षा करें

जब सब कुछ आपके अनुसार
नहीं हो रहा हो

जापानी मानसिकता

ऐतिहासिक रूप से, जापानी कृषि कर्म से जुड़े लोग रहे हैं। हम हल जोतते हैं और प्रकृति की अनुकंपा पर जीवित रहते हैं।

खेती-बाड़ी से जुड़े व्यक्ति की संस्कृति, वन संस्कृति थी। वन रेगिस्तानों की तरह नहीं होते, इनमें भरपूर भोजन पाया जाता है। पेड़ों पर फल, फूल, मेवे और बेर लगते हैं। पेड़ पर लगी चीज़ें कब झड़ेंगी, यह पता नहीं होने के कारण हमारे पूर्वज पेड़ों के नीचे जमा हो कर प्रतीक्षा करते थे। इस प्रकार एक साथ मिल कर रहने की संस्कृति विकसित हुई।

गिरे हुए फल खाने के बाद वे बीजों को मिट्टी में बो देते। अंकुर फूटते, और उनके पास इतना सब था कि उन्हें किसी से कुछ भी चुराने की ज़रूरत नहीं थी।

आप कह सकते हैं कि इसी विरासत के कारण, जापानी लोग सहज ही शांत होते हैं और उचित अवसर आने की प्रतीक्षा तथा दूसरों की सहायता करने की मानसिकता रखते हैं।

प्रकृति का गौर से निरीक्षण करें। प्रकृति के स्वर सुनने के लिए अपने कान खोलें और इसकी धुन के अभ्यस्त हों। यह आपको गहरे मनन की ओर ले जा सकती है, इस तरह आपको यह जानने में मदद मिल सकती है कि इसके बाद क्या किया जाना चाहिए।

जब आपके आपसी संबंध अच्छी तरह से नहीं चल रहे हों, तो स्वयं को हल की तलाश में झोंक देना एक संभावना हो सकती है।

परंतु कई बार ऐसा भी होता है कि उचित क्षण की प्रतीक्षा करना बेहतर होता है।

57

चीज़ों के साथ अपने संबंध को सराहें

वस्तुओं के नहीं होने की विलासिता को जानें

वस्तुओं की प्रशंसा आपकी अपनी प्रशंसा है

भले ही आपके पास एक कंप्यूटर हो, परंतु ज्यों ही कोई नया मॉडल बाज़ार में आता है, तो अचानक आप उसे पाना चाहते हैं। हालाँकि, आपके पास अपनी कार आए, तीन साल ही हुए हों, आप उसके बदले में नई कार पाना चाहते हैं। इच्छाएँ एक के बाद एक बढ़ती जाती हैं और मन असीम लोभ के घेरे में आ जाता है। यह प्रसन्नता नहीं है।

उन बातों पर विचार करें, जिनसे आप इस समय घिरे हैं। उनके लिए सराहना पैदा करें। कुछ ऐसा हो, जो निश्चित तौर पर आपको उनसे जोड़ सके, एक कारण ऐसा हो कि आपने उन्हें क्यों प्राप्त किया। उनका पूरा ध्यान रखें; उनके साथ उसी तरह पेश आएँ मानो वे ही सबसे बेहतरीन हैं।

आप तय कर सकते हैं कि आप एक कार चाहते हैं, और फिर आप उसके लिए कड़ी मेहनत करते हुए पैसे बचाने लगते हैं। इसमें कोई हर्ज़ नहीं है। ख़ास बात यह है कि एक बार उसके मिलने के बाद, उसे प्यार से रखें।

जो भी चीज़ें आपसे जुड़ी हों, उन्हें अपना ही हिस्सा मानें। ऐसा कोई व्यक्ति नहीं होगा, जो अपना ध्यान नहीं रखता हो; जब आप एक बार कुछ पा लेंगे और उसकी देख-रेख करेंगे तो आपके मन में उसके लिए स्नेह का भाव पैदा होगा। आपसे संबंध रखने वाली उस चीज़ के साथ आपका जुड़ाव ज़्यादा महत्त्व रखता है।

उसी चीज़ को एक लंबे समय तक कई दशकों तक प्रयोग में लाएँ। आप उसके साथ बिताए समय के बारे में बेहतर महसूस करेंगे। लोगों और वस्तुओं के बारे में संबंध के बारे में सोचें। दोनों के साथ उसी तरह पेश आएँ जिस तरह आप अपने साथ आते।

58

प्रकृति के साथ एकांत में बैठने का प्रयत्न करें

अपने-आप को निकट से देखने का समय निकालें

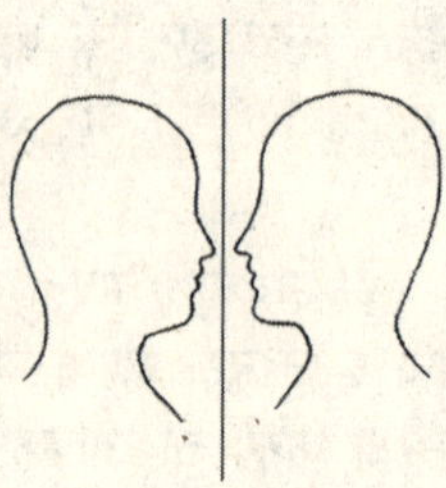

जब भी आप किसी बगीचे में जाते हैं तो आपके भीतर उस जगह बैठने की अचेतन इच्छा होती है, क्या है इसका कारण?

क्योटो और नारा के मठ बहुत से आगंतुकों का ध्यान अपनी ओर खींचते हैं। उनके बाग सैकड़ों बरस पुराने हैं। जब हम इन बगीचों को देखते हैं, तो हम स्वयं को उनमें बैठा हुआ पाते हैं। हालाँकि हम उन्हें चलते हुए या खड़े हो कर भी देख सकते हैं, परंतु जाने क्यों हम वहाँ बैठना चाहते हैं। बैठने से मनन को प्रोत्साहन मिलता है।

हम जो सोचते हैं, वह प्रत्येक व्यक्ति के लिए अलग हो सकता है, परंतु जब हम किसी बगीचे में जाते हैं, तो हममें से कुछ बगीचे के बारे में मनन कर सकते हैं। ऐसा करने से, हम सैकड़ों वर्षों से अनुभावतीत हो जाते हैं और इसे बनाने वाले लोगों के साथ एक मूक संवाद करने का आनंद उठा पाते हैं।

मननशील अवस्था के विश्रांत प्रवाह में, हम अपने ही अस्तित्व की खोज करने का प्रयत्न करते हैं। इस प्रकार हमें अपने हर रोज़ के स्व की पुनः जाँच करने का अवसर मिलता है।

इस प्रकार के अनुभव के लिए समय निकालना बहुत महत्त्व रखता है। आपको क्योटो या नारा जाने की आवश्यकता नहीं है - आपके पड़ोस का कोई बाग, मठ या चर्च भी यही काम करेगा।

इस जगह बैठ कर, प्रकृति से संवाद करने की कोशिश करें।

59

दिमाग़ पर बोझ नहीं रहने दें

सजग रहें कि कौन सी इंद्रियों को उत्तेजन मिल रहा है

कम करें, अधिक नहीं

अपने मन को रिक्त करते हुए, हम शून्य की अवस्था पा सकते हैं। ज़ेन के जगत में, हम इसे *मुशिरयो* या "चिंतन से परे" कहते हैं। यह उस अवस्था का नाम है जिसमें हम अपने भीतर एक शून्य को बनाए रखते हैं।

अपने दिमाग़ को ख़ाली करें और आकाश को देखें - आप उमड़ते हुए बादल देखेंगे। अपने मन को ख़ाली करें और सक्रिय हो कर सुनें - आपके चारों ओर प्रकृति के विभिन्न स्वर गुँथे हैं; नन्हे पक्षियों का गान, पेड़ से गिरते पत्तों की सरसराहट।

भले ही आप किसी शहर में हों, फिर भी ऐसे बहुत से स्वर और दृश्य होंगे जो प्रकृति से जुड़े हैं। इस प्राकृतिक संसार को जितना हो सके, अपने भीतर सँजो लें। ऐसा करने से आप पाएँगे कि आप भी प्रकृति का ही हिस्सा हैं।

उदाहरण के लिए, आकाश में दिखते बादलों से होने वाली बरसात, नदियों में जाएगी और धरती का भूमिगत जल बन कर, आपका पेय जल होगी। यही वह क्षण होगा, जब आप प्रकृति के साथ पूरे तारतम्य को महसूस करेंगे।

ख़ास तौर पर, तब जब आप व्यस्त हों, अपने दिमाग़ को ख़ाली करने के लिए समय निकालें।

केवल कुछ ही क्षणों के लिए, *मुशिरयो* का ज़ेन अभ्यास करें। चिंतन और विचार से परे - अविचार की ओर चलें। आपको यह जान कर आश्चर्य होगा कि यह आपके मन को कितना शांत करेगा और आपका पूरा शरीर असीम शक्ति से भरपूर हो उठेगा।

60

एक ज़ेन बगीचे का आनंद लें

अनुभव लें कि ऐसा बगीचा किस तरह "ज़ेन मन"
से भरपूर होता है

एक ज़ेन बगीचे में आरोग्यकारी शक्तियाँ होती हैं

जापान के किसी प्राचीन शहर में जाने से हमें ज़ेन मठों के बगीचों को सराहने का अवसर मिलता है।

शाब्दिक तौर पर, ज़ेन बौद्ध मठों की धरती पर बने बगीचों को ज़ेन गार्डन्स कह सकते हैं।

परंतु वास्तव में ऐसा नहीं है।

क्यों? ज़ेन पेंटिंग का ही उदाहरण लें।

आइए, एक प्रसिद्ध जापानी पेंटर द्वारा तैयार की गई बोधिधर्म की स्याही से बनी *सुमी-इ* पेंटिंग की बात करें। यह पेंटिंग भले ही कितनी कमाल की हो, परंतु इसे ज़ेन पेंटिंग नहीं कह सकते।

मेरा कहने का तात्पर्य यह है कि ज़ेन बगीचों और ज़ेन पेंटिंग का एक निश्चित रूप होता है। वे एक ज़ेन अवस्था के सर्जक के कौशल का निश्चित प्रकटीकरण होते हैं, जिसे बुद्ध मन भी कहते हैं।

बहुत समय तक ज़ेन बौद्ध धर्म का अभ्यास करने के बाद ही बुद्ध मन पाया जा सकता है। उसी ज़ेन अवस्था में, ज़ेन बगीचे या पेंटिंग में, कल्पित लैंडस्केप की अनूठी सुंदरता प्रकट हो सकती है। इससे एक सहजता झलकती है जिससे मन को आरोग्य मिलता है।

किसी ज़ेन बगीचे की बाहरी सुंदरता को देखने के स्थान पर, उसमें बसे ज़ेन मन को अनुभव करने का प्रयत्न करें। एक बार उस बगीचे से एकात्म होने के बाद, आपको समय बीतने का भी पता नहीं चलेगा। आप उस बगीचे के परिवेश को जितना सराहेंगे, आपके लिए मन को आरोग्य देना उतना ही सरल हो जाएगा।

खण्ड - III

चिंता और भ्रम को दूर करने के बीस उपाय

आप दूसरों से कैसे पेश आते हैं, इसमें बदलाव लाने की कोशिश करें

61

लोगों की सेवा करें

एक संतुष्ट जीवन का आरंभिक बिंदु

चिंता कहाँ से आती है?

पूरी स्पष्टता की एक अवस्था, किसी इच्छा या बाधा से परे - यही "शून्यता" की वह अवस्था है, जिसके लिए ज़ेन सबसे अधिक बल देता है।

विचार शून्यता ही बुद्ध की शिक्षाओं तथा उनके अस्थायित्व और असत्त्वता की विचारधारा की बुनियाद है। बुद्ध सिखाते हैं कि जब हमारे भीतर इस अस्थायित्व और असत्त्वता के प्रति सजगता का अभाव होता है तभी हमें कष्टों का सामना करना पड़ता है।

दूसरे शब्दों में, हमारा भ्रम और चिंता, इस स्वीकार्यता की अयोग्यता से उपजे हैं कि यह संसार निरंतर बदल रहा है - एक विश्वास - या एक अचेतन आशा - हमारा स्व और संपत्ति, हमारे आसपास के लोग कभी नहीं बदलेंगे।

जब हम इसी आस से ठगे जाते हैं तो उसी समय हमें दुख का अनुभव होता है।

हर चीज़, हर चीज़ पर अपना प्रभाव डालती है।

उदाहरण के लिए, अगर आप तय करते हैं कि आप प्रसन्न रहना चाहते हैं, तो आपको अपने आसपास प्रसन्न लोगों की आवश्यकता होगी। इस तरह आप दूसरे लोगों की सेवा करते हुए अपने लिए प्रसन्नता का प्रबंध कर सकते हैं।

जो है और हमेशा होना चाहिए, अपने इसी विश्वास के साथ बँधे नहीं रहें। अनासक्ति का अभ्यास करें। ऐसा करने से, आप दूसरों की प्रसन्नता का कारण बनेंगे।

यह कभी नहीं भूलें, और आपका जीवन कहीं अधिक संतुष्ट होगा।

62

'तीन विष' जीवन से निकाल दें

अपने जीवन में ज़ेन मानसिकता लाएँ

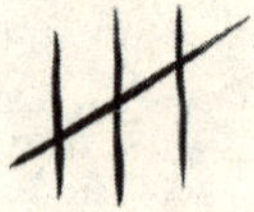

इच्छाओं और गुस्से को वश में रखें और वस्तुओं की प्रकृति को समझने की चेष्टा करें

बौद्ध धर्म में, "तीन तरह के विष" माने गए हैं। शिक्षाओं में आवेगों या सांसारिक इच्छाओं को विष कहा गया है। वे मनुष्य की पीड़ा का मूल हैं और वे हमें प्रबोध के मार्ग पर नहीं जाने देते।

वे तीन विष हैं : लोभ, क्रोध व अज्ञान।

जब हम लोभ के मोह में होते हैं तो अपना मनचाहा मिलने के बाद भी हमारी चाह बनी रहती है। गुस्सा हमें छोटी-छोटी बातों पर भड़का देता है और फिर हम अपना गुस्सा दूसरों पर उतारते हैं। अज्ञान मूर्खता की अवस्था है : हम ज्ञान के प्रति लापरवाह हैं और हमारे भीतर शिक्षा का अभाव है - यह हमारी अपनी बौद्ध प्रकृति की समझ का अभाव है।

जब तक हम स्वयं को इन तीन विषों के अधीन रहने की अनुमति देते रहेंगे, हम शांति नहीं खोज सकते।

इसके विपरीत, अगर हम इन तीनों विषों को जीवन से निकाल सकें तो हम प्रसन्नतापूर्वक मुक्त रह सकते हैं।

जब भी आपको लगे कि आपके अंदर इन तीनों विषों में से एक भी व्याप्त हो रहा है, तो अपन श्वास को नियमित करते हुए मन को शांत करें। इस तरह ये विष आपके भीतर असर नहीं करेंगे।

63

आभार की भावना विकसित करें

एक अनौपचारिक कथन का गहरा अर्थ

कुछ सादे शब्द जो आत्मीयता से भरे हैं

जब भी कोई पूछता है, "आप कैसे हैं?" तो हम जापानी में कहते हैं, *ओकागीसामा डि* (सब ठीक है, भगवान का शुक्र है।)

ऐसा हमेशा होता है पर यह अच्छी बात है और मुझे लगता है कि जापानी में शब्दों का यह आदान-प्रदान बहुत प्यारा है।

एक व्यक्ति केवल अपने ही नेक कामों के बल पर नहीं जी सकता। हमें दूसरों की मदद की ज़रूरत पड़ती है और हम उन्हें धन्यवाद दे कर इसे पा सकते। भले ही बात छोटी है पर हम ऐसा अक्सर करना भूल जाते हैं। हम जितना भूलते हैं, हमें अपने शब्दों में यह आभार उतना ही अधिक प्रकट करना चाहिए।

जापानी में "शुभ प्रभात" को *ओहायो गोज़ाइमासु* कहते हैं, जिसका शाब्दिक अर्थ है, "यह सुबह का समय है।" इसका छिपा हुआ अर्थ है, "यह दिन का आरंभिक समय है जिसे हम सुरक्षित यहाँ तक ले आए हैं, इसी तरह बेहतरी की कोशिश करते रहें।"

एक और जापानी वाक्य है, *इताडाकीमासु,* हम कुछ खाने से पहले इसे कहते हैं। यह उस भोजन के प्रति आभार का भाव है, जिसका हम स्वाद लेने जा रहे हैं। इस तरह हम उनके प्रति भी आभार प्रकट करते हैं, जिन्होंने हमारे लिए वह भोजन तैयार किया है। मछली हो या सब्ज़ियाँ, भोजन में अब भी प्राण हैं। इस प्राण को ग्रहण करने से, हम अपने जीवन में जीने योग्य हो सकेंगे। जिसके लिए हम बहुत आभारी हैं। ये सभी भाव, *इताडाकीमासु* में छिपे हैं।

ये जाने-पहचाने वाक्य भले ही स्वचालित लगें, पर इनमें गहरा अर्थ और भावना छिपी है।

64

अपनी भावनाओं का प्रदर्शन करें

आपके सच्चे मनोभाव प्रकट करने का उपाय

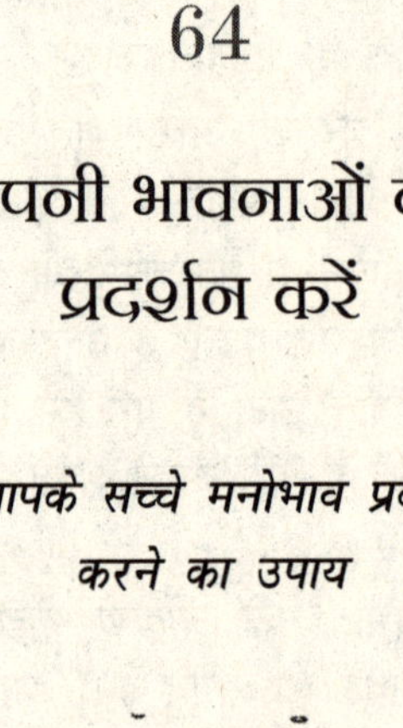

उचीमीज़ू के पीछे छिपी भावना को समझें, द्वार के बाहर जल के छिड़काव की जापानी प्रथा

जब आप किसी चीज़ को महसूस करने के बाद शब्दों में नहीं कह पाते, तो आप क्या अनुभव करते हैं? जब आपकी सच्ची मंशा प्रकट करने की बारी हो तो आपके काम शब्दों से कहीं अधिक बोलते हैं।

गर्मी के मौसम में, आपके घर कोई आगंतुक आने वाला है।

इससे पहले कि वे आएँ, अपने घर के दरवाज़े पर जल का छिड़काव कर दें। इस तरह आपके घर का प्रवेश द्वार पवित्र होगा और आने वाले को लगेगा कि यह उसके स्वागत में किया गया है। उसे दरवाज़े के आसपास पानी की बूँदें दिखेंगी तो वह जान लेगा कि आप उसकी प्रतीक्षा में हैं और वह आपकी मेज़बानी का कायल होगा।

इसमें कोई भी बड़ी बात नहीं है। यह एक भाव-भीना स्वागत है और जापान के अनूठे और सुंदर रिवाजों में से है।

जब भी आपको अपनी शुभकामनाएँ या इरादे को जताना हो तो शब्दों के स्थान पर कुछ करना भी बेहतर हो सकता है।

जापानियों के पास भावनाओं को समझने की छठी इंद्रिय पाई जाती है, चाहे दूसरों से मेल-मिलाप करना हो या उन्हें समझना हो।

हम अपनी हर श्वास के साथ सामने वाले व्यक्ति से संपर्क साधते हैं और साथ ही अपने हृदय के मूल स्वभाव को भी नहीं भूलते।

65

मन को अभिव्यक्त करें, परंतु शब्दों में नहीं

आप जो देख सकते हैं,
वही सब नहीं है

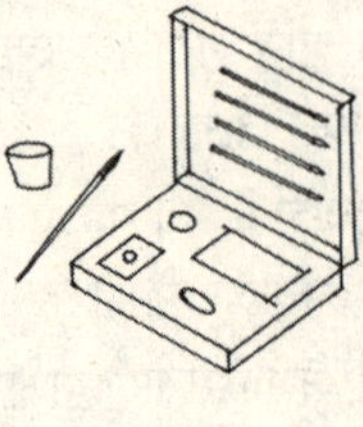

ज़ेन पेंटिंग्स स्याही से क्यों बनती हैं?

ज़ेन दर्शन में इस बात को सच माना जाता है : “आध्यात्मिक जागरण सूत्रों के माध्यम से अंतरित हो सकता है। इसे शब्दों या वर्णों के माध्यम से अनुभूत नहीं कर सकते।”

इसका अर्थ है कि ज़ेन शिक्षाओं के सार को शब्दों में प्रकट नहीं कर सकते - ना तो लिखित और ना ही मौखिक।

ज़ेन पेंटिंग इसका ही उदाहरण है।

ज़ेन पेंटिंग में बहुत सारे रंगों का प्रयोग नहीं होता। केवल स्याही ही प्रयुक्त होती है। इसका कारण? माना जाता है कि सच्ची सुंदरता रंगों से प्रकट नहीं हो सकती और रंग सुंदरता की पूर्ण क्षमता की असंपूर्ण अभिव्यक्ति हैं। यही वजह है कि रंगों का प्रयोग नहीं होता।

हम सभी सूर्यास्त के अनुभव को अपने-अपने तरीक़े से महसूस करते हैं। भले ही हम सभी ललाई वाले सूर्यास्त को बनाना चाहें पर हम सभी के लिए उस रंग के अलग ही मायने होंगे। केवल स्याही के प्रयोग से पेंटर, दर्शक को यह अनुमति देता है कि वह अपनी मर्ज़ी से अपने सूर्यास्त को, अपनी पसंद के रंग में देख सके।

यही वजह है कि ज़ेन पेंटिंग में हरा, नीला, पीला, बैंगनी और लाल रंग प्रकट करने के लिए स्याही का प्रयोग होता है।

स्याही के शेड्स में आपको अनगिनत रेंज मिलती हैं। देखने वाले के अनुसार ही स्याही के कई रंग और परतें हो सकती हैं। आपको जो दिखाई देता है, केवल वही सब नहीं है।

66

दूसरों के गुणों पर केंद्रित हों

विशेष तौर पर जब उनके दोष सामने हों

बगीचों और आपसी संबंध, दोनों में सामंजस्य सबसे अधिक महत्त्व रखता है

कई प्रकार के तत्त्वों को काट या बो कर जापानी बाग तैयार नहीं किए जाते। सारा बगीचा इस तरह तैयार किया जाता है कि हर तत्त्व के लक्षण उभर कर सामने आ सकें जैसे चट्टान का आकार या किसी वृक्ष विशेष का मुड़ना।

एक बाग में किसी तत्त्व को अधिक से अधिक प्रकट करने का क्या अर्थ है?

मान लेते हैं कि एक बाग में बहुत सारे पेड़ हैं। हम केवल पौधे और पेड़ लगा कर ही भारमुक्त नहीं हो सकते। हमें हर पेड़ के आदर्श आकार को भी पहचानना होगा।

किसी पेड़ विशेष का मनोभाव क्या हो सकता है? हमें इस पेड़ को कैसे लगाना चाहिए - किसी मुद्रा में, किसी दिशा में - ताकि इसकी सबसे आकर्षक विशेषता सामने आ सके।

दूसरे शब्दों में, हमें हर पेड़ के व्यक्तिगत अस्तित्व को पहचान कर उसे मान देना चाहिए। एक पेड़ के सार को समझने से, हम बाग के दूसरे तत्त्वों के साथ उसका सामंजस्य स्थापित कर सकते हैं।

यही बात लोगों के संबंधों पर भी लागू होती है।

हमें अपनी वैयक्तिकता को भी पहचान कर दूसरों के साथ चलना चाहिए। इसका अर्थ यह नहीं कि आपको दूसरों के साथ समायोजन करना ही होगा, परंतु अगर आप दूसरों के गुणों पर केंद्रित हों तो आप एक सुंदर संबंध बना सकते हैं।

67

किसी के साथ अपना संपर्क गहरा करें

"जीवन में एक बार" का सच्चा अर्थ

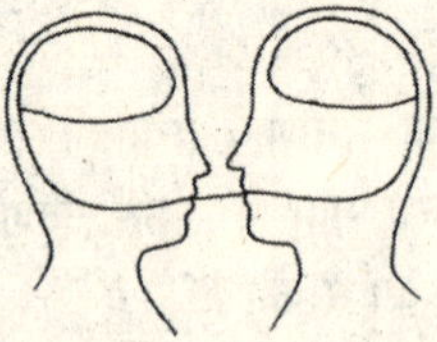

किसी एक संबंध पर एकाग्र हों

ऐसा लगता है कि लोग इन दिनों केवल छिछले संबंधों की ही परवाह करते हैं। उनके साथियों की गिनती जितनी अधिक हो, उनके लिए उतना ही बेहतर होता है। नेटवर्किंग ही कुंजी है। हालाँकि पेशेवर जगत में इसका बहुत महत्त्व है।

परंतु आपके निजी जीवन में, इससे कोई अंतर नहीं पड़ता कि आपके दोस्तों का दायरा छोटा है। मैं बहुत सारे लोगों के साथ निजी आत्मीय संबंध नहीं रख सकता। सौ गौण संपर्कों की तुलना में एक संपन्न और सार्थक संबंध कहीं अधिक मायने रखता है। कम से कम मेरा तो यही मानना है।

ज़ेन में एक कहावत है : *इची-गो इची-इ* या "जीवन में एक बार।" इसका अर्थ है कि हमें हर मुलाक़ात को सँजोना चाहिए क्योंकि हो सकता है कि हम जीवन में उस व्यक्ति से एक बार ही मिल रहे हों।

हम यह नहीं कहते कि हमें मुलाक़ातों की संख्या बढ़ानी चाहिए या हमारे बहुत अधिक मित्र होने चाहिए। किसी एक संबंध पर एकाग्र हों और सार्थक संबंध बनाएँ। आपके संपर्कों की संख्या नहीं, गहराई अधिक महत्त्वपूर्ण है।

68

अपने समय को व्यवस्थित करें

यही आपके आपसी संबंधों पर
भी लागू होता है

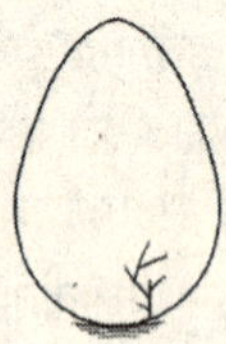

बहुत अधिक ज़ल्दबाज़ी या शिथिलता नहीं दिखाएँ

जापानी में एक कहावत है, *सोताकू दोजी*, जिसका अर्थ है, "भीतर और बाहर से लगातार टोंचना।"

यह उस घटना के बारे में कहा जाता है जब एक मुर्गी का बच्चा अंडे से बाहर आता है : पहले भाग में मुर्गी का बच्चा भीतर से खोल को टोंचता है और फिर दूसरे भाग में, उसकी माँ बाहर से प्रतिक्रिया देते हुए, चोंच मारती है ताकि चूज़े को बाहर आने में मदद मिल सके।

यह नाज़ुक स्थिति है, अगर मुर्गी ने चूज़े की तैयारी से पहले खोल तोड़ दिया तो वह मर जाएगा। इसी तरह मुर्गी अंडे के भीतर से आने वाली हर आहट पर पूरी तरह से ध्यान देती है कि उसे कब अपनी चोंच मार कर खोल को तोड़ने में मदद करनी है ताकि एक स्वस्थ चूज़ा बाहर आ सके।

दूसरे शब्दों में, *सोताकू दोजी* का अर्थ है कि दोनों को ही उपयुक्त समय की प्रतीक्षा करनी है।

यह तो स्पष्ट है कि यह बच्चों के पालन-पोषण से जुड़ा है परंतु इसे दूसरी जगह भी लागू किया जाता है।

जब आप किसी को काम का प्रशिक्षण दे रहे हों तो उनके साथ अधीर नहीं बनें और ना ही उन्हें बहुत अधिक विश्रांत होने दें। जब आपको प्रशिक्षित किया जा रहा हो तो यह आपका उत्तरदायित्व बनता है कि आप यह संकेत दें कि आप प्रगति करने को तैयार हैं।

बेहतर नतीजे तभी आ सकते हैं, जब दोनों ही पक्ष उचित समय के अनुसार चलें और एक दूसरे के साथ उचित तालमेल में हों।

69

सबके द्वारा पसंद किए जाने की चाह से उबरें

यह ज़ेन भिक्षुओं के लिए भी सत्य है

मोह ना करें, पक्ष नहीं लें, बहुत मीन-मेख ना निकालें

अंतःपरस्पर संबंध जटिल हो सकते हैं। आप भले ही कितनी भी कोशिश क्यों नहीं करें, हर किसी के प्रति मुक्त मन होना कठिन है। यहाँ तक कि ज़ेन मठ के भिक्षुओं में कई बार आपस में नहीं बनती।

आपको स्वयं से यह कहने की ज़रूरत नहीं है, "मैं इस आदमी के साथ अच्छा बनने की कोशिश करता हूँ।" या "मैं इस आदमी को बेहतर तरीक़े से जानने की कोशिश करता हूँ।" किसी दूसरे के साथ बनाने या दोस्ती करने की सोच के साथ आप स्वयं को बाधा देंगे। आप नापसंद नहीं होने की चाह में उलझ सकते हैं और इससे केवल तनाव पैदा होगा।

मोह ना करें; पक्ष नहीं लें; बहुत मीन-मेख ना निकालें। क्यों ना छोटी-छोटी बातों से उबरें और शांत चित्त रहें? मैं आपको यह नहीं कह रहा कि आप अलोकप्रिय होने की कोशिश करें, परंतु यही कोशिश नहीं करते रहें कि लोग आपको पसंद करें।

जब कोई फूल खिलता है तो तितली सहज ही उसे खोज लेती है। जब पेड़ फलता है, तो पक्षी स्वयं ही झुंड बना कर उस पर आ बैठते है। और जब पत्ते कुम्हला कर झड़ते हैं तो पक्षी अपने-आप ही बिखर जाते हैं।

लोगों के साथ आपके संबंध भी इनसे कुछ अलग नहीं हैं।

70

सही और ग़लत पर नहीं अड़ें

यह समझौते के बारे में है

यदि आप काले और सफ़ेद पर अड़े रहे तो आप सलेटी की सुंदरता खो देंगे

बौद्ध धर्म बहुत अधिक सहिष्णु है।

बौद्ध धर्म काले और सफ़ेद के रूप में नहीं सोचता। कुछ चीज़ें काली होती हैं, कुछ सफ़ेद होती हैं और इनमें से कुछ सलेटी के अलग-अलग रंगों में होती हैं। यह उदार भावना ही बौद्ध धर्म का मूल है और इस बात से इसका गहरा संबंध है कि इसने जापान में जड़ें कैसे जमाईं।

प्राचीन काल से ही जापान में शिंतो धर्म चला आ रहा है और फिर चीन से बौद्ध धर्म का आगमन हुआ। शिंतो और बौद्ध धर्म को विरोधी बनाने के बजाए जापानियों ने सोचा कि किसी तरह इन दोनों धर्मों का सह-अस्तित्व क़ायम किया जाए।

होंजी सुइजाकु की जापानी विचारधारा के अनुसार शिंतो देवता, बौद्ध देवताओं के ही रूप हैं। वे दोनों मिल कर एक अविभाजित संपूर्ण रूप बनाते हैं जो स्थानीय शिंतो मठों में पाया जाता है, इसे *गोंगेन* कहते हैं।

इसे जापानी विवेक का उत्कृष्ट उदाहरण माना जाता है। इस तरह दोनों ही पक्षों का अस्तित्व बना रहता है। हमें समायोजन करते हुए, परस्पर संघर्ष से दूर रहना होता है।

चीज़ों को सही या ग़लत, काले या सफ़ेद में विभाजित करने की आवश्यकता नहीं है।

किसी एक पक्ष की ओर आने के बजाए, समायोजन कहीं बेहतर होता है।

71

चीज़ें जैसी हों, उसी रूप में देखें

घृणा और स्नेह का एक
सा सच्चा स्वभाव है

पसंद और नापसंद से बचाव का बेहतरीन उपाय

प्रायः कार्यालयों में संबंधों को उचित रूप में लेना कठिन होता है। कोई कह सकता है, "यह मेरे अधीन काम करने वाले ग़लती थी", या "काश! मेरा बॉस कोई और होता!" कई बार लगता है कि अगर किसी सहकर्मी से भेंट नहीं हुई होती तो अच्छा ही होता, परंतु जब हम ऐसे लोगों के साथ काम करना पड़ता है तो हमारे पास कोई चुनाव नहीं होता।

अंतःपरस्पर संबंधों में कठिनाई - आप कह सकते हैं कि यह तो एक अनंत विषय है।

"ज़ेन गार्डन के पिता" कहलाने वाले, मूसो कोकुशी ने एक बार कहा था :

"जीवन के सामान्य उतार-चढ़ावों के नज़रिए से, ज़ेन का प्रमुख लाभ कम की सुरक्षा या अधिक का प्रचार नहीं है, बल्कि लोगों को उस बुनियादी यथार्थ की ओर निर्देशित करना है जो उतार-चढ़ावों के अधीन नहीं है।" इसका अर्थ कुछ इस तरह हो सकता है, उदाहरण के लिए, आप अपने दुश्मन की याद में शोक सभा आयोजित करें या आप अपने ही कामों को सबके सामने कहते हुए, किसी बुरे काम को अच्छे काम में बदल सकते हैं। दूसरे शब्दों में, सौभाग्य और दुर्भाग्य दोनों का मूल तो एक ही है। दरअसल घृणा और स्नेह, एक ही हैं। तो उनका सच्चा स्वरूप क्या है? संक्षिप्ततः इसे कहा जाए तो यह आपका मस्तिष्क है। हमारी प्राथमिकताएँ, हमारी पसंद और नापसंद - हर चीज़ हमारे मस्तिष्क की उपज है। ज़ेन बौद्ध ध र्म में हम कहते हैं, "जब आप ज्ञानोदय की स्थिति में पहुँचते हैं तो कोई पसंद या नापसंद नहीं रह जाती।" जब हम चीज़ों को देख सकते हैं कि वे क्या हैं तो हमारा पूर्वानुराग ग़ायब हो जाता है।

72

कौशल के साथ अनासक्त हों

"कोई ध्यान नहीं दें"
यह बौद्ध विवेक है

"आठों पवन चलते हों, तो भी नहीं डिगें"

शब्द महत्त्वपूर्ण हैं। परंतु उन शब्दों के साथ नहीं बहना और भी महत्त्व रखता है।

काम या सामाजिक परिस्थितियों के दौरान ऐसे समय भी आ सकते हैं, जब हम स्वयं को उन शब्दों की मार से चोटिल पाते हैं जो हमारे लिए कहे गए हैं। चाहे किसी ने प्रोत्साहित करने वाले शब्द ही क्यों नहीं कहे हों, दूसरी ओर खड़े व्यक्ति के लिए वे कठोर या आहत करने वाले हो सकते हैं। किसी सहकर्मी का कहा गया एक भी शब्द खंजर की तरह चुभ सकता है।

परंतु नकारात्मक वाक्यों को तुरंत भुला देना चाहिए। इसे आप कौशलपूर्वक कर सकते हैं, "कोई ध्यान नहीं दें" - बस यह मंत्र अपनाना होगा।

कहते हैं, "आठों पवन चलते हों तो भी ज़ेन मन नहीं डिगता।" हमें भी बिना किसी बाधा के सहज रहना होगा, चाहे कोई भी परिस्थिति क्यों नहीं हो - उस समय भी हमारी सहजता और हास्यप्रियता बनी रहनी चाहिए।

स्वयं को वस्तुओं के मोह से परे रखना सीखें। शब्दों के मोह में भी नहीं उलझें। भले ही आपके किसी के साथ अच्छे संबंध नहीं हों, उस संबंध के लिए भी आसक्त नहीं हों। उससे एक दूरी बना कर रखने का प्रयत्न करें।

यही बौद्ध विवेक है।

मुक्त भाव से जीना है तो हमारे मन पर किसी तरह का बोझ नहीं होना चाहिए।

73

लाभ और हानि के रूप में नहीं सोचें

हमारी दुर्बलताओं की सजगता
कहाँ से आती है?

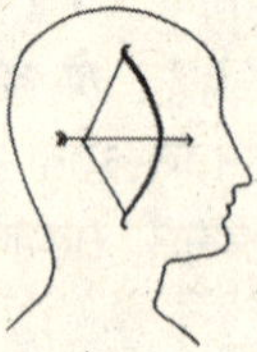

जिन लोगों के साथ हमारी बनती है और जिन लोगों के साथ हमारी नहीं बनती

हम इस बारे में कुछ नहीं कर सकते पर हमारे भीतर भी कमज़ोरियाँ होती हैं। चाहे कोई हमें नुक़सान नहीं करना चाहे या हमें अपमानित करने की इच्छा नहीं रखता हो पर उसके शब्दों या कामों की वजह से हम खीझ जाते हैं या हमारी भावनाएँ आहत हो सकती हैं। आप भी किसी ऐसे व्यक्ति को जानते ही होंगे, जो आप पर इस तरह का असर रखता होगा।

ये लोग किस तरह जानते हैं कि हमें वश में कैसे कर सकते हैं?

मैं आपको ज़ेन विचारधारा में, *इशिकी* या "मानसिक चेतना" के बारे में बताना चाहूँगा।

आप किसी को पहली बार मिलने बाद भी सोच सकते हैं, "ओह, ये कितनी भली लगती है", "ओह, इसे देख कर लगता है कि इसकी मेरी ख़ूब निभेगी।" यह *इशिकी* के पहले वर्ण "आई" से संबंध रखता है, जो मन या हृदय से जुड़ा है।

पर दूसरे हिस्से *शिकी* के लिए क्या कहा जा सकता है? यह किसी के मोल की परख़ करने से जुड़ा है। "वह व्यक्ति मेरे करियर के लिए उपयोगी हो सकता है" या "इस इंसान के साथ मेरा कुछ नहीं बनने वाला।" हम इस तरह का व्यवहार जितना अधिक करने लगते हैं, हमारी दुर्बलता उतनी ही अधिक सामने आती है।

सौ लोगों के पास अपने तर्कों और परख़ के लिए सौ तरह के तरीक़े हो सकते हैं। लाभ या हानि की सोच रखने के बजाए हमें यह देखना चाहिए कि सामने वाला व्यक्ति हमारे लिए अनुकूल या समायोजित होगा या नहीं? ऐसा करने से आपके संबंधों पर पड़ा बहुत सा भार हट जाएगा।

74

केवल शब्दों में नहीं उलझें

दूसरों की भावनाएँ समझने का महत्त्व

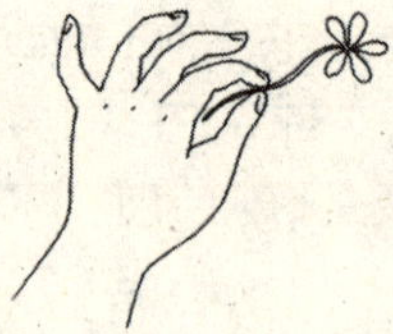

दूसरों की कही बात पर समानुभूति से विचार करें

लोगों की भावनाएँ सदा शब्दों में प्रकट नहीं हो सकतीं। कुछ लोगों के लिए अपनी भावनाओं को प्रकट करना कठिन हो सकता है।

यही वजह है कि हमारे पास दूसरों की भावनाओं को पढ़ने की योग्यता होती है।

एक ज़ेन कहावत है, *नेंगे मीशो।* यह बुद्ध के बारे में एक पहेली है जिसे कुआन कहते हैं। कहते हैं कि बुद्ध ने अपने धर्म स्थान से शिष्यों के आगे एक भी शब्द नहीं उच्चारा था। उन्होंने अपने हाथ में थामे हुए एकमात्र फूल को हल्का सा घुमाया और मुस्कराए। शिष्य इस रहस्य को नहीं जान सके परंतु उनमें ही महाकाश्यप उपस्थित थे, जिन्होंने बुद्ध की मुस्कान का उत्तर मुस्कान से दिया। महाकाश्यप बुद्ध की इस मौन भंगिमा को जान गए और इस तरह धर्म का अंतरण हुआ, उन्हें बुद्ध का उत्तराधिकारी नियुक्त किया गया।

फिर भी शब्दों में हमारी भावनाओं को प्रकट करना बहुत महत्त्व रखता है। इसके विपरीत, हमें यह भी देखना चाहिए कि सामने वाले व्यक्ति ने क्या कहा है।

परंतु हमें केवल शब्दों के जाल में उलझ कर उसे अनदेखा नहीं करना जो इन सबसे कहीं अधिक महत्त्वपूर्ण है। हमें केवल वही नहीं सुनना जो दूसरे कह रहे हैं, पूरी समानुभूति के साथ उनकी भावनाओं को भी समझना है।

75

दूसरों की राय से नहीं भटकें

भ्रम से मुक्त होने का रहस्य

निश्चितता का अर्थ है अपने पर भरोसा रखने की योग्यता

ज़ेन बगीचों में चट्टानों या पत्थरों की व्यवस्था अहम भूमिका निभाती है। चट्टानों को अनेक तरीक़ों से व्यवस्थित किया जा सकता है जो माइक्रोकोस्म्स, प्रतीकों व अमूर्तों का प्रतिनिधित्व करती हैं। एक बगीचा डिज़ाइनर और एक ज़ेन भिक्षु के रूप में, मेरे काम मेरे मन की अवस्था को दर्शाते हैं। यही वजह है कि ज़ेन बागों के तत्त्वों के बीच सकारात्मक तनाव होता है।

मैं जो वास्तविक कार्य करता हूँ, यह कोई ऐसा कार्य नहीं जिसे मैं अकेला ही कर सकूँ। विशाल वृक्षों व चट्टानों को मँगवाना पड़ता है। कई साधनों की आवश्यकता पड़ती है और काम के लिए पूरा दल जुटाना होता है।

किसी ज़ेन बगीचे को पूरा करने से पहले, मुझे बहुत से लोगों की मदद लेनी पड़ती है।

मेरे अनुभव से, अगर मैं इस बात पर बहुत केंद्रित रहता हूँ कि टीम क्या देखती है तो मेरे लिए बगीचे को, अपने विचारों की अभिव्यक्ति के रूप में पूरा करना कठिन हो सकता है।

भले ही यह सुनने में अंतःप्रज्ञा के विपरीत लगे, जब चट्टानों की दिशा के संयोजन की बारी आती है, तो इस काम में जितने कम लोग शामिल होते हैं, वह उतना ही अधिक तालयुक्त होता है।

जब अंतिम समायोजन का समय आता है, तो इसे अकेले ही करना बेहतर होता है।

अपने पर भरोसा करने की योग्यता ही निश्चितता है।

76

भरोसा रखें

अपने बुजुर्गों के विवेक का लाभ लें

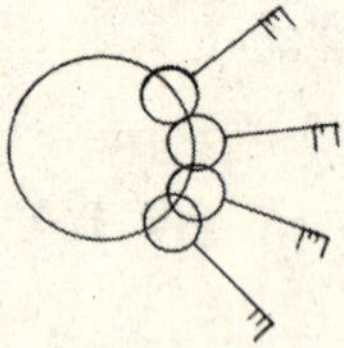

बूढ़े लोगों की कहानियों में जीवन की कुंजियाँ खोजें

जो यह जानते हैं कि विश्वास किसे कहते हैं या जीवन जीने का सार क्या है, वे कभी भी इतना भी निरुत्साहित नहीं होते। यह निःसंदेह पूरी तरह से असंदिग्ध है।

परंतु आप विश्वास कैसे पा सकते हैं?

आप अपने आसपास के मेंटरों से सीख ले सकते हैं।

आप बूढ़े लोगों का अध्ययन करके, उनके बहुत सारे कौशल सीख सकते हैं, जो आपको हर चीज़ में बेहतर परामर्श देंगे। चाहे वे उनकी सफलताओं के किस्से हों या असफलताओं की कहानियाँ, वे जो भी कह रहे हों उन्हें सुनना लाभदायक हो सकता है।

अपने आसपास देखें - आपको अपने आसपास बहुत से बूढ़े लोग दिखेंगे। उनमें से हर किसी के पास अपने जीवन की एक कहानी है। उनके पास अपने अनुभव और ज्ञान हैं - आपने अपने जीवन में जो सीखा है, वे उससे कहीं अधिक बड़े हैं। इतने अद्‍भुत संसाधन आपके पास हैं।

वे लोग आपको ऐसे किस्से सुनाएँगे जो उन्होंने देखे और जाने। उनके अनुभव अनमोल हैं। उनके पास स्कूली या किताबी शिक्षा के बजाए अनुभव से उपजा ज्ञान है जो उनके दिल से निकला है और उनके भीतर बसा है। उन सच्ची कहानियों में ही आपको अपने जीवन की कुंजियाँ मिल सकती हैं।

77

एक बगीचे से वार्तालाप करें

जब आप छवियों में उलझते हैं
तो बहुत कुछ छूट जाता है

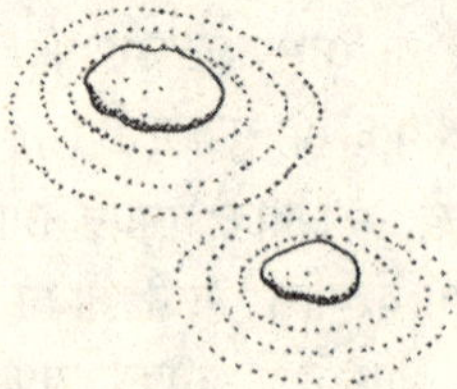

वाबी-साबी का अर्थ

एक ज़ेन भिक्षु बौद्ध प्रशिक्षण के प्रति समर्पित होने के लिए पर्वतों की ओर जाता है। घने पर्वतों के बीच, अपने ध्यान में रमा भिक्षु गाँव की आबादी से दूर रहता है। फिर मान लें कि कोई आगंतुक उससे भेंट करने आता है।

वह उस आगंतुक से क्षमा माँगते हुए कहता है, "मुझे बहुत खेद है कि आपको इस सुनसान जगह पर मेरे कारण आना पड़ा।" जापानी भाषा में यह क्षमायाचना *वाबी* कहलाती है, जो जापानी शब्द *वाबी-साबी* का पहला शब्द है।

दूसरे भाग *साबी* - का अर्थ भी इसी भाव से जुड़ा है : "आपका धन्यवाद कि आप इस सुंदर और सुदूर स्थान पर इतनी दूर से मिलने आए।" *साबी* को ढलती उम्र की सुंदरता से भी जोड़ा जाता है जो एक भिक्षु के विनम्र आवास से भी झलकती है। यह भिक्षु के एकांत को प्रकट करती है, जिसे जापानी भाषा में *साबीशी* कहते हैं।

कुल मिला कर कह सकते हैं, *वाबी-साबी* का संबंध, दूसरों के प्रति सोचने से जुड़ा है। ज़ेन बगीचों में भी यही भाव पाया जाता है।

किसी भी ज़ेन बगीचे को तैयार करते समय चट्टानों की व्यवस्था या रेत आदि के बारे में विचार नहीं होता। आरंभ में यह किसी ख़ास आकार या छवि के बारे में नहीं, बल्कि उस बाग से जुड़ी भावना के बारे में होता है।

किसी ज़ेन बगीचे से वार्तालाप करने का प्रयत्न करें। उस उदासी से भरी सुंदरता को अनुभव करें जो बगीचा तैयार करने वाला कहना चाह रहा था, और फिर अपने तरीक़े से प्रतिक्रिया दें।

78

किसी को प्रसन्न करें

आपके भोजन में सुधार के लिए

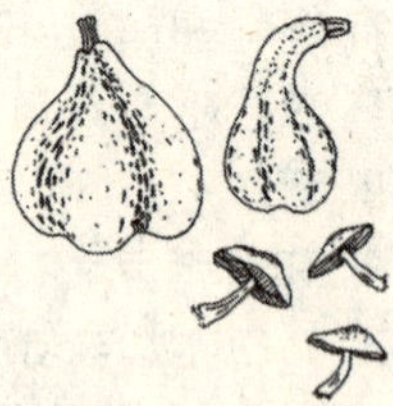

जापानी आतिथ्य खाने की मेज़ पर भी समय के प्रवाह को जगा सकता है

अपने मेहमानों का स्वागत करते हुए, आप उन्हें पश्चिमी दावत परोसते हुए कई तरह का भोजन करवा सकते हैं जो विशेष तौर पर उच्च-स्तरीय सामग्री से तैयार होगा।

जापानी आतिथ्य थोड़ा अलग है। सबसे अलग, जापानियों के व्यंजन, ऋतुओं के प्रति सजगता को उजागर करते हैं। क्या परोसा जाएगा, यह चुनाव काफ़ी हद तक उस समय की ऋतु पर निर्भर करता है। इसके अतिरिक्त दो और बातें भी हैं : कुछ ऐसा जिसमें बीते हुए मौसम की झलक हो, जो विदा के क्षण को जाग्रत करे और कुछ ऐसा जो अभी आने वाले मौसम की झलक देता हो, जैसे कोई विलंबित आगमन।

दूसरे शब्दों में, भोजन में पिछली ऋतु की अंतिम, वर्तमान ऋतु की सबसे श्रेष्ठ और आने वाली ऋतु की पहली सामग्री शामिल होनी चाहिए। ये तीनों मिल कर समय के प्रवाह को बनाते हैं - अतीत, वर्तमान और भविष्य - ताकि अतिथियों को भरपूर आनंद मिल सके।

बहुत सारी परिष्कृत सामग्रियों के बल पर आप बेहतरीन मेज़बानी नहीं कर सकते। चाहे आप उनके लिए भोजन तैयार करें या कोई उपहार सँजो रहे हों, उसमें समय के प्रवाह को शामिल करने का यत्न करें ताकि आपका अतिथि प्रसन्न हो सके।

79

परिवार के साथ समय बिताने के अवसर पैदा करें

जहाँ आप स्वयं को अपने असली रूप में दिखा सकें

जो वास्तव में महत्त्वपूर्ण है, उसके लिए सजग हों

आपके लिए एक परिवार के क्या मायने हैं?

लोग विवाह करते हैं, वे बच्चों को पालते हैं, वे एक साथ जीते हैं- परंतु यह सब बाहर से दिखाई देता है।

परिवार के बीच ही हम मन की सच्ची शांति और भावात्मक सहयोग पाते हैं।

जब भी परिवार के बीच हों तो हमें दिखावा नहीं करना चाहिए, हम उसी रूप में रहें जो हम हैं। आप कह सकते हैं कि ज़ेन जीवनशैली भी यह चाहती है। यह भले ही सरल लगता हो, परंतु वास्तव में इसका अभ्यास कठिन है। हम सभी अपनी दुर्बलताओं को छिपा कर, स्वयं को उससे अधिक बेहतर और ज़्यादा दिखाना चाहते हैं जो हम हैं।

परंतु जब हम इस तरह जीते हैं तो अंततः हम इसी में फँस जाते हैं। यही वजह है कि हमें परिवार की आवश्यकता होती है - जहाँ हम अपने सच्चे स्वरूप में जी सकते हैं।

भले ही आप परिवार के साथ नहीं रहते हों, अगली बार उनके पास जाना हो तो समय निकाल कर साथ बैठें और बात करें।

यही वह जगह है जहाँ आप वह हो सकते हैं, जो आप हैं। इस जगह बीता हुआ समय आपके चिंतित मन को शांति देगा और हृदय को ऊर्जान्वित कर देगा।

80

अपने सामने आने वाले प्रत्येक व्यक्ति को सराहें

"वर्तमान में उपस्थित" रहने के चमत्कार का अहसास

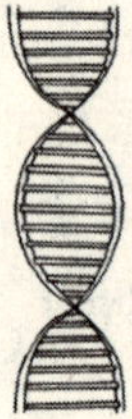

अगर आपको आपके पुरखों में से किसी एक से अलग कर दिया जाता, तो आपका अस्तित्व नहीं होता

अक्सर जापानी लोगों के परिवार बड़े होते थे। उनके परिवार में दादा-दादी, माता-पिता और फिर बच्चे होते। तीन या चार पीढ़ियाँ; एक ही छत के तले रहते थे - इस तरह उनके पास परिवार का इतिहास बताने की सुविधा रहती।

अस्सी वर्ष के बूढ़े दादा, अपने पाँच वर्ष के पोते को अपने दादा के बारे में बता सकते थे। पोता दो सौ साल पुराने किस्से सुन सकता था। उसे पता होता कि उसके पुरखे किस तरह के लोग थे। इस तरह इतिहास सही मायनों में जीवंत हो उठता।

आपको अपने अस्तित्व के लिए अपने पुरखों का आभार प्रकट करना चाहिए। अगर आप दस पीढ़ियों तक पीछे जाते हैं तो आपको एक हज़ार से भी ज़्यादा पूर्वज मिलेंगे। कल्पना करें कि अगर आप बीस पीढ़ी तक पीछे जा पाते, या तीस पीढ़ियों तक, तो आपको कितने पूर्वज मिलते और ये लाखों की संख्या में होते। अगर आप इनमें से किसी एक को भी हटा दें तो आपका जन्म नहीं हुआ होता।

जब आप इस चीज़ को इस तरह सोचते हैं तो आपके मन में अपने पूर्वजों के लिए आभार का भाव पैदा होता है। आपको अपना जन्म लेना भी एक चमत्कार जैसा लगने लगता है। जब हम इस चमत्कार के प्रति सजग होते हैं, तो हमें पता चलता है कि यह जीवन कितना अमूल्य है।

खण्ड - IV

किसी भी दिन को बेहतरीन बनाने के बीस उपाय

अपने ध्यान को वर्तमान क्षण में केंद्रित करने का प्रयत्न करें

81

यहीं उपस्थित हों

एक क्षण पहले के आप,
आपका बीता हुआ 'आप' है

अतीत के बजाए यहीं और अभी पर केंद्रित हों

मनुष्य के रूप में, हम केवल वर्तमान में, यहीं और अभी के बीच जीते हैं। तो हमें अपने मन को झट से वर्तमान पर केंद्रित होने के लिए प्रशिक्षित करना होगा। यही ज़ेन चिंतन शैली है।

ज़ेन बौद्ध कहना पसंद करते हैं, "तीनों लोकों में वास करो।" ये तीन लोक हैं - अतीत, वर्तमान और भविष्य। ज़ेन बौद्ध धर्म में प्रायः आपको अमीदा, शाका (शाक्यमुनि), और मिरोकू जैसे नाम सुनने को मिलेंगे; ये तीनों लोकों में बुद्ध का प्रतिनिधित्व करते हैं।

अगर आप सोच रहे हैं कि इस तरह की सोच कैसे काम करती है तो आइए, आपकी श्वास से आरंभ करते हैं। हम पहले श्वास लेते हैं और फिर छोड़ते हैं। जिस क्षण में हम श्वास भीतर लेते हैं, वह वर्तमान है, परंतु जब हम श्वास छोड़ते हैं, तो यह अतीत हो चुकी होती है। इसे दूसरी तरह से कहें तो, जब आप इस क़िताब के पिछले पन्ने पढ़ रहे थे तो वह आपका अतीत था। जब आने वाले पन्ने पढ़ेंगे तो वह आपका भविष्य होगा।

जब कुछ बुरा घटने पर आप उदास महसूस करें तो अपने आगे हाथों से ताली बजाएँ - आप एक ही झटके में बेहतर अनुभव करेंगे, आपके मन की दशा तुरंत बदल जाएगी, जिस तरह मूवी में कोई दृश्य कट होता है और आप पूरी तरह से नए रूप में सामने होंगे।

यह दिन, यह घंटा और यह क्षण; केवल यही महत्त्व रखता है।

82

हर दिन और यहाँ तक कि साधारण दिन के लिए भी आभारी हों

साधारण चीज़ों में ही प्रसन्नता छिपी है

वस्तुओं की सहज व्यवस्था में ही प्रसन्नता छिपी है

ज़ेन भिक्षु इकियु अपनी हाज़िरज़वाबी के लिए जाने जाते थे। एक बार एक व्यापारी अपने पोते का जन्मदिन मना रहा था। उसने कहा कि कोई बधाई संदेश लिख दें। इकियु ने पल भर के लिए सोचा और फिर लिखा, "माता-पिता मरते हैं, बच्चा मरता है, और पोता भी मरता है।" व्यापारी ने बड़ी उलझन के साथ इसे पढ़ा और शिकायत की, "आपने इतनी भयानक बात क्यों लिखी?"

तब इकियु ने उत्तर दिया :

"पहले माता-पिता मरते हैं, बच्चा मरता है, और पोता भी बूढ़ा हो कर मरता है। यही सहज व्यवस्था है। अगर तुम्हारा परिवार मृत्यु को इसी सहज व्यवस्था में अनुभव करता है तो यह तुम्हारे लिए बड़ी प्रसन्नता की बात होगी।" सभी उनकी इस बात से सहमत हुए।

आज के दिन को पूरी तरह से जीने पर, एक और साधारण और सामान्य दिन होगा।

ताकि हम श्वास ले सकें, छोड़ सकें। अपना काम कर सकें और सो सकें।

भले ही यह कितना भी आम और साधारण क्यों लगे, दरअसल यही सभी चीज़ों को अद्भुत बनाता है।

एक के बाद दूसरा दिन बीतने की सहज प्रसन्नता - ऐसी प्रसन्नता हमारी आँखों के ठीक सामने है।

83

यह जान लें कि आपको संरक्षण मिला है

हम सभी बुद्ध की हथेली में हैं

हिम्मत रखें और चलते रहें!

बौद्ध चिंतन शैली में, कहा जाता है कि हम सभी बुद्ध की हथेली में हैं। भले ही हम अपनी ओर से कितना भी संघर्ष क्यों नहीं करें, अंत में हम उनकी हथेली के ही भीतर हैं।

आप यह सुन कर सोच सकते हैं, "तो हमें हार क्यों नहीं मान लेनी चाहिए?" जबकि इसके ठीक विपरीत होना चाहिए।

कितनी ही बातें ऐसी होंगी जो अपेक्षित नहीं होंगी और आप दुखी महसूस कर सकते हैं परंतु अंत में आप संरक्षित हैं, जैसा कि मैंने कहा कि आप बुद्ध की हथेली में हैं। तभी आपको अपनी हिम्मत रखते हुए आगे बढ़ना चाहिए!

हम सभी जीवन में सभी निर्णय स्वयं लेते हैं। इसके बावजूद, बुद्ध हमारे हर किए हुए काम को देखते हैं। यह बात हमारे लिए एक मलहम का काम करते हुए, हमारी आत्मा को जीवंत बना सकती है। बुद्ध सब देख रहे हैं - वह अच्छा और बुरा, दोनों देखते हैं। यही विश्वास हमें आगे बढ़ने में सहायक होता है।

किसी ऐसे संरक्षक का अस्तित्व निरंतर मिलने वाली राहत से कम नहीं है। हालाँकि हम उन्हें अपनी आँखों से नहीं देख सकते, उनके प्रति विश्वास और निष्ठा ही हमें अगाध ऊर्जा से भर देते हैं। मुझे पूरा विश्वास है कि हम सभी उनकी हथेली में हैं।

हमारे साथ किए गए वचन में कोई निश्चितता नहीं है - यही वजह है हम बुद्ध को वचन देते हैं। ऐसा करने से, हम अपने विश्वास को कई गुना कर सकते हैं।

84

सकारात्मक रहें

आपके मन के पास यह निर्णय लेने की शक्ति है
कि आप प्रसन्न रहेंगे या नहीं

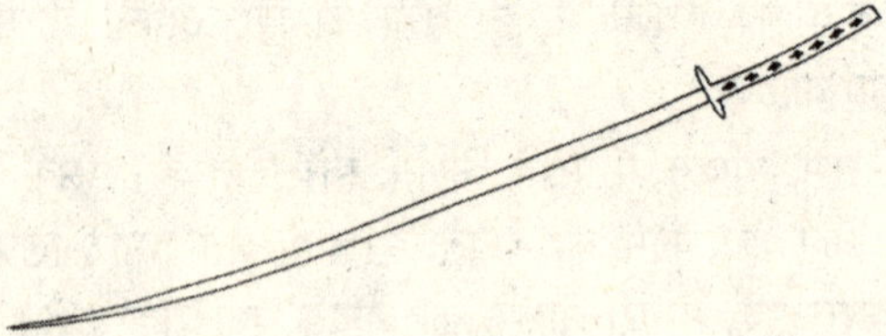

आप प्रत्येक अमूल्य दिन को जीने के लिए आए हैं

जापानी इतिहास में, कामाकुरा युग (1185-1333) और मुरोमाची युग (1333-1392) का आरंभिक भाग निरंतर युद्ध कला से ओतप्रोत रहा। इन मध्य युगों में समुराई वर्ग में ज़ेन की भावना व अभ्यास को पोषित और प्रसारित होते देखा।

समुराई निरतंर मृत्यु के ख़तरे से घिरे रहते थे। उन्हें पता नहीं होता था कि किसी समय युद्ध आरंभ हो जाएगा - यह बहुत हद तक संभव था कि उन्हें किसी भी दिन युद्ध के लिए जाना पड़ सकता था।

ज़ेन की भावना ऐसी ही परिस्थितियों के लिए पूरी तरह से उपयुक्त जान पड़ती है। आने वाले कल की अनिश्चितता इस बात को और भी महत्त्वपूर्ण बनाती है कि हमें वर्तमान में जीना चाहिए। मनुष्य को अपनी ओर से वर्तमान का आनंद उठाने का पूरा प्रयत्न करना चाहिए।

बौद्ध धर्म में हम कहते हैं, "सारे दिन अच्छे दिन हैं।" इसका अर्थ है कि चाहे अच्छी बातें हों या बुरी; हर दिन अच्छा दिन है क्योंकि यह अमूल्य दिन दोबारा नहीं आएगा। जो भी घटा है या जिससे भी आप मिले हैं; दिन की अच्छाई उस पर नहीं, आपके मन पर निर्भर करती है।

एक घटना की सौ तरह से व्याख्या हो सकती है, यह बात अधिक मायने रखती है कि आप इसके लिए कैसी प्रतिक्रिया देते हैं। हो सकता है कि जो भी घट रहा हो, आपके भीतर उसे बदलने की ताक़त नहीं हो या उस पर आपका वश नहीं हो, परंतु आपकी प्रतिक्रिया पूरी तरह से आपके वश में है।

हमें हर दिन और आज के अमूल्य दिन को एक अच्छा दिन बनाना है।

85

लोभ नहीं करें

अधिक चाहने से कष्ट
पैदा होता है

"क्या मुझे सचमुच इसकी आवश्यकता है?"

बौद्ध धर्म में, हम कहते हैं *चिसोकु*, जिसका अर्थ है, "संतुष्ट रहो।" अगर आप जानते हैं कि आपके लिए कितना काफ़ी होगा, तो यह आप उसमें ही संतुष्ट होंगे जितना आपके पास है।

मनुष्य की इच्छाओं का कहीं अंत नहीं है। जब हम एक बार एक चीज़ पा लेते हैं तो अगली दस इच्छाएँ और पैदा हो जाती हैं। जब वे दस चीज़ें मिल जाती हैं, तो हमारी सौ इच्छाएँ होती हैं। हम जानते हैं कि हम उन सभी को पूरा नहीं कर सकते परंतु हम अपनी इच्छाओं को वश में नहीं रख पाते। एक बार इन भावनाओं से घिरने के बाद, स्वयं को संतुष्ट करने का कोई उपाय नहीं रह जाता।

कई बार ऐसा समय भी आता है, जब हमें कुछ पाने के लिए ज़रूरी काम करना पड़ता है और इसमें कोई बुराई भी नहीं है। परंतु जब हम उस काम के बाद आवश्यक मात्रा पा लेते हैं तो हमें स्वयं से यह कहना भी सीखना होगा, "ओह, मेरे लिए इतना बहुत होगा।"

इस तरह हम दूसरी वस्तुओं के लिए अपनी इच्छाओं को वश में रख सकते हैं।

चिसोकु के अभ्यास के साथ, हम एक शांत और स्थिर मन पा सकते हैं। अगर हम स्वयं को संतुष्ट मान लें तो हमारे कष्टों का अंत हो सकता है।

अगर आप स्वयं को असंतोष की भावना से घिरा पाते हैं, तो एक क़दम पीछे हट कर देखें, आप क्या चाहते हैं और आपकी इच्छा क्या है। फिर स्वयं से पूछें, "क्या मुझे सचमुच इसकी ज़रूरत है?"

86

चीज़ों को अच्छे या बुरे के खाँचे में नहीं बाँटें

आपकी चिंताओं का अंत होगा

आपकी श्वास परख़ने के लिए नहीं है, यह बस है

किसी चीज़ पर कौशल पाने का कोई निश्चित रहस्य नहीं है। बस इसी अभ्यास को प्रतिदिन दोहराना होगा। अपने लिए एक सहज, स्थिर और निरंतर चलने वाली दिनचर्या चुनें।

इसी दिनचर्या के बीच कहीं आपको अचानक अनुभव होगा, "ओह, यही उत्तर तो था जिसे पाने के लिए मैं भटक रहा था।"

एक विख्यात ज़ेन साधक प्रबोधन पाने के लिए संयम की साधना करेगा। एक ओलिंपिक एथलीट तैर कर या दौड़ कर अपने प्रशिक्षण का संरक्षण करेगा।

कहीं किसी बिंदु पर, उन्होंने अपनी जिज्ञासा पूरी कर ली या अपने कौशल को साध लिया है। यह इसी तरह काम करता है।

अगर आप केवल अंतिम बिंदु पर ही केंद्रित रहे तो आप यात्रा का आनंद नहीं ले सकेंगे। जब आप परिणाम पैदा करने में उलझते हैं, तो स्वयं को यहीं और अभी के लिए समर्पित नहीं कर पाते।

इसी तरह, आप वर्तमान में जो भी कर रहे हों, उसकी परख़ नहीं करें। उदाहरण के लिए, श्वास लेना : आप अपनी श्वास को अच्छा या बुरा नहीं कह सकते। जिस तरह आप एक के बाद एक श्वास लेते जा रहे हैं, बाक़ी कामों को भी उसी तरह पूरा करें।

चीज़ों को अच्छे या बुरे की परिभाषा में डालने से चिंता और तनाव बढ़ता है।

87

यथार्थ को उसी रूप में स्वीकारें, जैसा वह है

तैयार होने की कला

यह हार मानने की बात नहीं,
अपने-आप को तैयार करने के बारे में है

कोशु इताबाशी, याकोहामा के एक मठ के सोजी के, सेवानिवृत्त प्रधान भिक्षु या *ज़ेंजी* हैं। मैं उनका बहुत अधिक मान करता हूँ।

इताबाशी जेंज़ी को बताया गया कि उन्हें कैन्सर है। कैन्सर काफ़ी बढ़ चुका था। फिर भी उन्होंने स्वयं को ज़ाज़ेन के लिए समर्पित रखा और उसी तरह भिक्षा माँगते रहे, मानो कुछ नहीं बदला हो। वे कहते, "मैं अब अपने कैन्सर के साथ ख़ुशी-ख़ुशी रह रहा हूँ।"

कम से कम कोई भी ऐसा सुनने की अपेक्षा तो नहीं रखेगा।

हम इस तथ्य को नहीं बदल सकते कि कैन्सर का अस्तित्व है। हालाँकि हम इससे कितना भी क्यों लड़ लें, यह हमारे साथ रहेगा। यही वास्तविकता है।

तो हम इसका सामना कैसे कर सकते हैं? जो भी जीवन में हुआ, उसे बदल नहीं सकते, परंतु यह शक्ति हमारे पास ही है कि हम इससे कैसे पेश आएँगे।

यह आपको तैयार करने की बात है। वास्तविकता जो है, उसे उसी रूप में स्वीकारने की बात है।

चीज़ें जैसी हैं, उन्हें उसी रूप में देखना है। चीज़ें जैसी हैं, उन्हें उसी रूप में स्वीकारना है।

हो सकता है कि यह हार मानने जैसा लगे, परंतु वास्तव में यह इसके ठीक विपरीत है।

88

कभी भी केवल कोई एक उत्तर नहीं होता

ज़ेन कुआन के पीछे छिपे उत्तर

हम ज़ेन प्रश्न और उत्तर का अभ्यास क्यों करते हैं

ये विचार बौद्ध प्रबोधन के आधार का प्रतिनिधित्व करते हैं।

हमारा अनिवार्य अस्तित्व विशुद्ध और पवित्र तथा पूरी स्पष्टता के साथ संपूर्ण है। उसी अनिवार्य स्व की खोज ही प्रबोधन की तलाश या सटोरी है।

मनुष्य रूप में, हमारे भीतर वह सब कुछ है, जिसकी हमें कभी भी आवश्यकता थी। प्रबोधन का अर्थ यह नहीं कि आपको कहीं बाहर से प्रश्नों के उत्तर तलाशने हैं, हमें अपने भीतर देखना है। जब हम अपने सच्चे और पवित्र अस्तित्व का सामना करते हैं, तो यही प्रबोधन है - सटोरी।

ज़ेन बौद्ध धर्म के रिंजाई संप्रदाय में *मोंडो* का कड़ा अभ्यास करवाया जाता है - ज़ेन प्रश्न और उत्तर अथवा ज़ेन कुआनों का अध्ययन - यह प्रबोधन पाने के लिए अनिवार्य है। कुआन में मन की परीक्षा के लिए शब्दों का प्रयोग होता है।

एक प्रसिद्ध कुआन का उदाहरण लें : "क्या एक कुत्ते के पास बुद्ध प्रकृति होती है?"

इसका उत्तर "हाँ" में देना ग़लत माना जा सकता है, परंतु "ना" उत्तर को भी ग़लत कहा जा सकता है।

और अधिक प्रश्नों के साथ अभ्यास जारी रहता है, जिसका कोई उत्तर नहीं है। इस साधन के अभ्यास से, हमारे भीतर से अंतर्दृष्टि प्राप्त होती है।

89

कभी भी कोई एक उपाय भी नहीं होता

अपने दिमाग़ से सोचें?
या फिर अपने शरीर से सोचें?

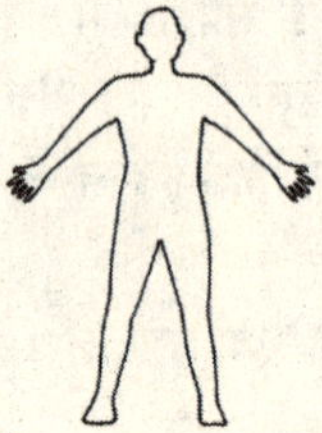

हम अब भी एक समान उत्तर तक पहुँच सकते हैं

जहाँ ज़ेन बौद्ध धर्म का रिंज़ाई संप्रदाय, प्रबुद्ध होने के लिए कुआन अध्ययन का अभ्यास करता है, वहीं सोटो ज़ेन संप्रदाय ज़ाज़ेन के सिवा किसी और चीज़ का अभ्यास नहीं करता।

चीनी भाषा के ज़ाज़ेन को जापानी बोली में *शिकानतज़ा* कहते हैं जिसका अंग्रेज़ी में अर्थ है - "एकाग्र मन से बैठना।" शिकानतज़ा में आपको यह तक याद नहीं रह जाता है कि आप बैठे हैं और आपका मन एक शून्य की अवस्था में प्रवेश कर जाता है। आप प्रबोध की तलाश में नहीं, आप अपनी संकल्प शक्ति मजबूत नहीं कर रहे, आप इसे अच्छी सेहत पाने के लिए नहीं कर रहे - आप सक्रिय रूप से किसी चीज़ के बारे में नहीं सोच रहे। सोटो ज़ेन में, आप बिना किसी कोशिश के बस बैठे रहते हैं।

परंतु एकाग्र मन से ज़ाज़ेन में बैठने का प्रभाव होता है। यह आपके विवेक को निखारता है और कुछ समय बाद यह आपको प्रबोधन के पथ तक भी ले जा सकता है। हालाँकि बैठने का उद्‌देश्य यह नहीं है - दरअसल इस तरह बैठने के कारण ही प्रबोधन संभव हो जाता है।

बुनियादी तौर पर ज़ेन के दोनों पंथ - रिंज़ाई और सोटो - एक ही उद्‌देश्य रखते हैं - हमें हमारे अनिवार्य अस्तित्व के निकट लाना। केवल इसकी कार्यपद्धति अलग है जिसके अनुसार इसे प्राप्त किया जाता है।

पूरे समर्पण भाव से, अपने दिमाग़ से सोचें? या फिर पूरे समर्पित भाव से अपने शरीर से सोचें?

आपको कौन सा तरीक़ा पसंद है?

90

दिखावा करने वाले नहीं बनें

करिश्माई लोगों में क्या साझा होता है

सच्चा करिश्मा एक भी शब्द कहे बिना प्रकट होता है

कुछ लोग इतने करिश्माई होते हैं कि दूसरे व्यक्ति सहज ही उनकी ओर आकर्षित हो जाते हैं। मानो, उनके आसपास एक आभामंडल हो।

ज़ाज़ेनकाई में, हमने एक बार "किसी आकार के बजाए सुगंध का वास" की अवधारणा पर चर्चा की थी।

बेर का पेड़ सर्दी के मौसम का सामना करता है। इससे एक बहुत ही सुंदर सुगंध फूटती है जिसका वर्णन नहीं हो सकता। वह गंध हवा को परे नहीं धकेलती, वह धीरे से हवा की लहरों पर सवार हो कर बहती है। परंतु एक मनुष्य के सद्गुणों की गंध चारों दिशाओं में प्रसारित होती है।

एक व्यक्ति का करिश्मा और आभामंडल भी ऐसा ही होता है।

जब लोग धनी होते हैं, उनका पद व स्तर ऊँचा होता है, तो घमंडी और डींगें हाँकने वाले हो जाते हैं। परंतु यदि वे एक भी शब्द नहीं कहें तो उनका सच्चा करिश्मा कहीं अधिक सहज रूप से प्रकट होता है।

जिस तरह बेर के पेड़ को ही लें, यह सुगंध देता है पर इसका दिखावा नहीं करता। "किसी व्यक्ति के लिए आभार प्रकट करना" या यह जानना कि आप "उसकी मदद बिना कोई काम नहीं कर सकते थे," उस जगह तक नहीं पहुँच सकते थे, जहाँ आज आप हैं; यही गरिमामयी जीवन जीने का उपाय है।

91

स्वयं को धन से मुक्त करें

धन का जितना संग्रह करने की कोशिश करेंगे
उतना ही दूर होता जाएगा

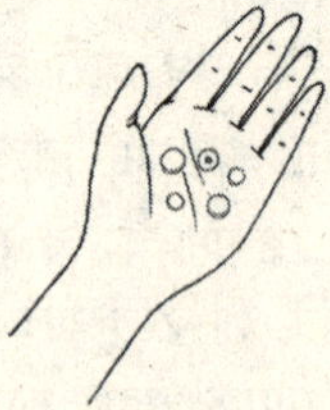

किस चीज़ पर केंद्रित हों कि आपकी धन से जुड़ी चिंता का नाश हो जाए

कई बार लोग मुझसे पूछते हैं, "बौद्ध भिक्षुओं को धन की चिंता नहीं करनी पड़ती, है ना?" इस प्रश्न का उत्तर अपने-आप थोड़ा पेचीदा हो सकता है।

हालाँकि मैं एक मठ का प्रधान भिक्षु हूँ और हमें धन की आवश्यकता होती है। मेरा एक परिवार है और हमें सबके लिए बुनियादी ज़रूरतों का सामान ख़रीदना होता है।

ज़ेन सीख के अनुसार, धन और उसकी वकालत करना अनुचित नहीं परंतु इसे बहुत अधिक महत्त्व नहीं दिया जाना चाहिए।

ज़ेन बौद्ध धर्म के सोटो स्कूल के, डोजेन जेंज़ी, ने हमें चेतावनी दी थी कि आत्मसंयमी बौद्ध जीवनशैली के प्रति समर्पित लोगों को नाम और यश के प्रलोभन से दूर रहना चाहिए। हमें अपने आदर-मान को बढ़ाने और जेबों को भरने की इच्छा नहीं करनी चाहिए।

धन के बारे में विचित्र तथ्य यह है : हम इससे जितना अधिक आसक्त होंगे, यह हमारी पकड़ से उतना ही बाहर होता जाएगा। धन के बारे में सोचने के बजाए, हमें स्वयं को उच्चतम उद्देश्य से जोड़ना चाहिए।

मैं समाज को अपना योगदान कैसे दे सकता हूँ? मैं संसार में उपयोगी बनने के लिए क्या कर सकता हूँ? इन प्रश्नों पर विचार करने के बाद कार्रवाई करने से, आप पाएँगे कि आपको जितने धन की आवश्यकता है, वह आपको स्वयं ही खोज लेगा।

92

अपने पर भरोसा रखें, ख़ासतौर पर जब आप बेचैन हों

व्यग्रता के पीछे छिपे आत्म-विश्वास पर केंद्रित हों

व्याकुलता के दो पक्ष हैं

कल्पना करें कि आपने स्कूल की प्रवेश परीक्षा के लिए कड़ी मेहनत की है और अंत में परीक्षा का दिन आ गया है।

आपने उसकी तैयारी में समय और ऊर्जा का निवेश किया है और अब कुछ कर दिखाने का समय है।

हालाँकि आप अपनी ओर से बेहतर करने की उम्मीद रखते हैं पर आख़िरी मिनट में, आप बेचैनी और व्याकुलता की चपेट में आ जाते हैं। कुछ लोगों के लिए यह बहुत मुश्किल हो सकता है। वे सँभलने की जितनी कोशिश करते हैं, उतना ही बौखलाते जाते हैं।

जब ऐसा हो, तो यह देखें कि इस बेचैनी के पीछे क्या छिपा है। मैं उम्मीद करता हूँ कि आप आत्म-विश्वास को ही पाएँगे।

एक बार आप इस आत्म-विश्वास को पा लेंगे तो आपके लिए अपनी व्याकुलता से छुटकारा पाना आसान होगा।

यही वजह है कि अपने पर भरोसा करना इतना महत्त्वपूर्ण क्यों है।

कहा जाता है कि अगर आप अपने भीतर आत्म-विश्वास पैदा करना चाहें तो आपके लिए सबसे पहली और मुश्किल चुनौती यही होगी कि आप अपने ही मन की सीमाओं का विस्तार करें। ऐसा करने से आपको उपलब्धि का अहसास होगा और धीरे-धीरे आपकी उपलब्धियों से आत्म-विश्वास और भी बढ़ेगा।

सब ठीक हो जाएगा।

आप आज तक भी सब सँभालते आए हैं, है ना?

93

ऋतुओं में बदलाव पर ध्यान दें

इस तरह आपको आगे बढ़ने की प्रेरणा मिलेगी

यहीं संसार का एकमात्र सत्य छिपा है

भले ही संसार कितना भी क्यों नहीं बदल जाए, कुछ चीज़ें ऐसी हैं जो हमेशा मौजूद रहेंगी।

जैसे बसंत आएगा और कलियाँ खिलती रहेंगी और फिर पतझड़ में सारे पत्ते झरेंगे। दूसरे शब्दों में सब कुछ अपने प्राकृतिक रूप में आगे बढ़ता रहेगा। बौद्ध धर्म में, बुद्ध को इसी तरह दर्शाया जाता है - इनका चिह्न परमानंद या वस्तुओं की "बुद्ध प्रकृति" का सूचक है।

हम जिसे बसंत कहते हैं, वास्तव में उसका कोई भौतिक रूप नहीं है। बसंत भौतिक रूप से कोई अस्तित्व नहीं रखता।

जब सर्दी का मौसम समाप्त होता है और उत्तरी हवाएँ दक्षिणी बयार में बदलती हैं, तापमान में हल्की गरमाहट आती है। पौधों पर कलियाँ खिलने लगती हैं। हम इसे देख कर सोचते हैं, "आहा! बसंत आ गया।"

परंतु बहुत सारे व्यक्ति ऐसे भी मिलेंगे, जो फूलों और कलियों पर ध्यान नहीं देते, या वे कुछ लोग जो उन्हें देख कर भी कुछ महसूस नहीं करते - इन लोगों के लिए बसंत जैसा कुछ नहीं होता।

उत्तरी सोंग वंश के एक चीनी कवि सू शी ने बसंत के मौसम को देख कर लिखा, "मैदान हरे हैं, फूल लाल रंग के हैं; और वे अपने सच्चे स्वभाव को प्रकट कर रहे हैं।" वस्तुओं के प्राकृतिक रंग-रूप में ही - सत्य को पाया जा सकता है।

मुक्त मन से, हर रोज़ के सत्य पर ध्यान दें - वस्तुओं के बौद्ध स्वभाव को जानें।

यह सजगता हमें जीवन में आगे बढ़ने का साहस देती रहेगी।

94

किसी की देख-रेख करने की कोशिश करें

किसी वस्तु या व्यक्ति के लिए
स्नेह उत्पन्न करें

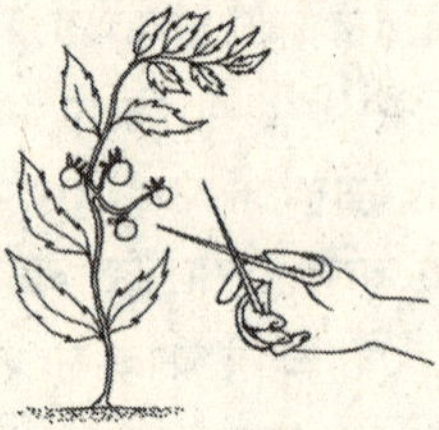

यह समझें कि जीवन में क्या महत्त्वपूर्ण है

इन दिनों अधिक से अधिक लोग प्रकृति की ओर लौट रहे हैं।

वे किसी ग्रामीण इलाक़े में ज़मीन ख़रीदते हैं और स्वयं खेतों में काम करते हुए समय बिताने आते हैं। या फिर वे अपने ही घर में एक छोटा सा बाग लगा लेते हैं, वहीं सब्ज़ियाँ और फल उगाते हैं। मुझे यह सब बहुत ही अद्‌भुत लगता है।

आप धरती को खोद कर उसमें बीज लगाते हैं जब मौसम में नमी नहीं रहती तो आप चिंता करते हैं और जब बहुत ज़्यादा बरसात होती है तो भी आपको चिंता होने लगती है। यह केवल पौधे उगाने का छोटा सा काम नहीं है - यह इस काम में लगने वाले समय और प्रयत्न के आनंद से जुड़ा है। जब भी आपका कुछ लगाया हुआ फलने लगता है तो आपको एक अजीब सी खुशी महसूस होती है और आप बेहतर महसूस करते हैं। आप किसी चीज़ को कितना स्नेह देते हैं, उसी के अनुसार यह आपको ऊर्जा वापस देता है।

आप यह भी सोच सकते हैं कि आप जो भी उगा रहे हैं, वह एक दिन आपके आगे होगा। फिर जब ऐसा होता है, तो आपके दिए हुए स्नेह की एक भी बूँद बेकार नहीं जाती।

जब आप बाज़ार से टमाटर ख़रीदते हैं, तो वह आपके लिए एक टमाटर ही है। परंतु अगर वह आपके हाथों, आपके घर में उगाया गया हो तो वह एक "सामग्री" हो जाता है।

किसी चीज़ को पालने-पोसने से ही, हम वस्तुओं की देख-रेख करने की प्रवृत्ति विकसित करते हैं, एक ऐसा मन जो दूसरों के प्रति स्नेह को अनुभव करता है।

95

अपने सच्चे अस्तित्व का स्वर सुनें

इस अंतर्दृष्टि को सराहना सीखें

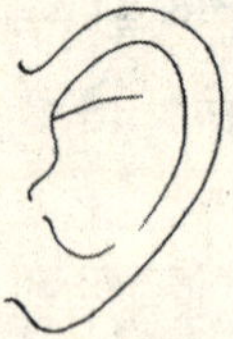

एक सूखा हुआ लैंडस्केप बगीचा एकांत जीवन का प्रतीक है

ज़ेन मठ की इमारतों में से एक में, भिक्षुओं के कक्ष होते हैं, जिन्हें *होजो* कहते हैं। ऐतिहासिक रूप से, *होजो* के पास हमेशा एक ज़ेन बगीचा होता है।

आपको क्या लगता है, प्रधान भिक्षु के आवास के बाहर उनका निजी छोटा बगीचा क्यों होता है?

अधिकतर ज़ेन बगीचों में सूखे लैंडस्केप वाले बगीचे होते हैं - जिन्हें *कारेसानसुई* कहते हैं। बहुत पहले, एक ज़ेन भिक्षु के लिए आदर्श जीवनशैली यही थी कि वह पर्वतों के बीच कहीं एकांत में वास करे ताकि स्वयं को आध्यात्मिक साधना के लिए समर्पित कर सके। शायद एक भिक्षु के रूप में रहने का अपना ही आनंद था, जैसे ईदो युग से प्रसिद्ध भिक्षु र्योकान हुए हैं।

सच में, इस तरह का जीवन जीना बहुत कठिन होता है। आजकल बहुत कम भिक्षु पर्वतों के बीच एकांतवास करते हैं परंतु उनके पास आदर्श के प्रतीक के रूप में शुष्क लैंडस्केप वाले बगीचे होते हैं।

शायद इस तरह आपके मन में ज़ेन बगीचों के लिए सराहना पैदा होती है।

जब आप इस तरह, स्वयं को रोज़मर्रा के कामों से कुछ अलग कर लेते हैं, तो आपका मन पारदर्शी हो उठता है और आपका सच्चा अस्तित्व अनापेक्षित रूप से स्वयं को प्रकट करता है।

96

प्रतिदिन जीवित होने का आनंद मनाएँ

जीवन सचमुच पलक झपकने भर की देरी में चला जाता है

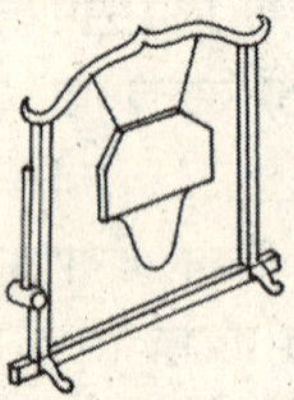

चरित्र से बाहर बीता हुआ समय व्यर्थ होने वाला समय है

ज़ेन मठों में, लकड़ी का एक बोर्ड होता है, जिसे *हान* कहते हैं, इसके साथ एक लकड़ी का हथौड़ा टँगा रहता है जो दिनचर्या से जुड़े किसी काम की सूचना देता है। इस पर कुछ शब्द, *शोजी जिदाई*, स्याही से लिखे हो सकते हैं। क्या आपने कभी ऐसा कुछ देखा है? इन शब्दों का अर्थ है, "जीवन सौभाग्य और दुर्भाग्य से घिरा है, परंतु हर जीवंत और वर्तमान दिन को सराहें, जीवन आपके पास से बीत जाएगा।"

मेरे पिता उस पीढ़ी से थे, जिन्होंने अपनी युवावस्था में युद्ध का अनुभव पाया।

एक बार उन्होंने स्वयं को गोलीबारी के बीच पाया। दुश्मन की ओर से बड़ा भारी हमला था। मेरे पिता ज़मीन पर लेटे हुए, उन गोलियों की बौछार से बचने की कोशिश में थे। जब गोलियों की बौछार थमी और उन्होंने सिर उठाने का साहस किया तो दोनों ओर, उनके साथी सिपाही मरे पड़े थे। जब भी पिता जी यह किस्सा सुनाते तो वे अंत में अवश्य कहते, "मैं आभारी हूँ कि मैं जीवित हूँ और आज यहाँ उपस्थित हूँ। हम मनुष्य एक महान और अदृश्य शक्ति द्वारा ही जीवित हैं।" हम जीवित हैं - हमें जीवन दिया गया है। यही कारण है कि हमें इसे नष्ट नहीं करना चाहिए।

हमें अपने सच्चे अस्तित्व को मुक्त मन से देखना चाहिए और जब हम कुछ बातों को सोचें - जब हमें कुछ काम करने हों - हमें उन्हें उसी तरह करना चाहिए मानो हमारा सारा जीवन उन पर ही निर्भर हो। चरित्र से बाहर बीता हुआ समय व्यर्थ हो जाता है।

आओ, अब अपनी आँखें खोलो।

हमें आज के दिन को कैसा बनाना चाहिए?

97

अपना सब कुछ यहीं और अभी समर्पित करें

जीवन एक लंबा किंतु छोटा अभ्यास है

मेरे पिता,
जो हर दिन को भरपूर जीते थे

मेरे पिता सत्तासी वर्ष की आयु तक जीवित रहे। वह अपनी मृत्यु से कई वर्ष पूर्व, कैन्सर से ग्रस्त हुए परंतु इतनी लंबी आयु को देख कर कहा जा सकता है कि उनकी मृत्यु "प्राकृतिक कैन्सर" से हुई।

जिस दिन मेरे पिता की मृत्यु हुई, उससे एक दिन पहले वे तीन घंटे मठ के बाग में खरपतवार हटाते रहे। जिस दिन उन्होंने संसार से विदा ली, वे सुबह हमेशा की तरह जल्दी उठे। अपना कमरा साफ़ किया और झाड़ू-पोंछा लगाया।

दोपहर के खाने के बाद उनका सिर हल्का सा चकराया और उनकी छाती मेज़ से टकराई। उन्हें झट से अस्पताल ले जाया गया। उन्होंने पिता जी का रक्तचाप देखा जो असामान्य रूप से कम था और ज्यों ही उनका रक्तचाप बढ़ाने के लिए आईवी ड्रिप लगाई जा रही थी, उन्होंने चुपके से प्राण त्याग दिए।

मेरे लिए, यह मरने का बहुत ही खूबसूरत तरीक़ा है। मुझे नहीं लगता कि मैं कभी पिता जैसी मृत्यु पा सकूँगा।

वे सचमुच वर्तमान क्षण को जीने वाले लोगों में से थे। जिस दिन उनकी मृत्यु हुई, तब तक वे निरंतर बाग की देख-रेख के काम में जुटे रहे और हमेशा उन ज़िम्मेदारियों को पूरा करने की कोशिश करते, जो उन्हें दी जाती थीं।

शायद मेरे पिता को अपनी मृत्यु का आभास हो गया था। परंतु यह कुछ ऐसा था जो केवल उन्हें ही पता था।

उन्होंने मुझे अपने उदाहरण से सिखाया कि अभ्यास, मृत्यु के आख़िरी क्षण तक जारी रहता है।

98

हर तरह की तैयारी करें

नियति हम सबके लिए आती है

बहुत से लोग अवसरों से लाभ उठाते हैं और बहुत से लोग उन्हें हाथ से निकलने देते हैं

एक ज़ेन कथा है :

दो बेर के पेड़ थे। उनमें से एक सर्दियों के मौसम में स्वयं को तैयार करता रहा ताकि बसंत आने पर खिलने के लिए तैयार हो सके। दूसरा पेड़ यही सोचता रहा कि जब बसंत आएगा तो वह भी फलेगा-फूलेगा; वह पेड़ अभी सर्दी से काँप ही रहा था कि अचानक गर्म हवा बहने लगी। बेर का जो पेड़ तैयार था, उसने अवसर का लाभ उठाते हुए अपने फूलों को खिलने का मौक़ा दिया, जबकि दूसरा पेड़ इस अवसर को पा कर खिलने की तैयारी करने लगा।

अगले ही दिन, बसंत की हवा जा चुकी थी और सर्दी वापस आ गई। अंत में, बेर के जिस पेड़ ने अपनी तैयारी को उपेक्षित किया था, वह उस वर्ष पूरी तरह से खिलने में अक्षम रहा।

लोगों के साथ भी यही होता है।

नियति की हवा हम सबके लिए बहती है। भले ही हम इसका भरपूर अवसर उठा सकेंगे या नहीं, यह हमारी लंबी संकल्प शक्ति और तैयारी पर निर्भर करेगा।

99

मृत्यु का मनन करें

जब भी आप भ्रमित हों कि
कैसे जीना है

प्रसन्नता आपके ठीक सामने है

जापानी भाषा में *शोजी* शब्द, संसार की बौद्ध धर्म संबंधी अवधारणा है, मृत्यु और पुनर्जन्म का चक्र।

हम इस संसार में जन्म लेते हैं और फिर हमारी मृत्यु हो जाती है। ये एक ही अनुभव के दो पक्ष हैं। दूसरे शब्दों में, जिस तरह हम यह सोचते हैं कि हमें कैसे जीना है, उसी तरह हमें यह विचार भी करना चाहिए कि कैसे मरना है।

अगर आपसे कहा जाता कि आपके जीवन का अंत छह माह में हो जाएगा तो हो सकता है कि आप इस बारे में काफ़ी सोचते कि आपको अपना समय कैसे बिताना चाहिए। परंतु यदि यह एक अवधि एक माह की हो? एक सप्ताह? अगर आपका जीवन कल समाप्त होने जा रहा हो? निश्चित रूप से, आपको पता होता कि आपको इस एक क्षण में क्या करना है। आपको ऐसा लगता कि आपको आज को व्यर्थ नहीं करना।

यह जीवन पलक झपकने भर की देरी में हाथ से छूट जाता है। यह सचमुच ऐसा ही है।

क्या आपने कभी पूरा दिन टी.वी. देखने में बिताया है, इससे पहले कि आपको पता चलता, शाम हो चुकी थी। आपने सोचा होगा, “ओह, मुझे इतना समय नष्ट नहीं करना था।” जब आप कोई काम करना चाहते हैं या अपने मन को किसी काम में लगाना चाहते हैं तो उस वस्तु के सिवा अन्य कामों पर केंद्रित होने से यही लगता है कि आपने समय बरबाद किया है।

हमें अपने इस अमूल्य जीवन को “पलक भर झपकने की देरी” में नष्ट होने से पहले कुछ करना चाहिए।

100

जीवन को सार्थक बनाएँ

जीवन एक अमूल्य चीज़ है
इसे हमें सँभाल कर रखना है

आपका जीवन आपका अपना है परंतु यह आपकी संपत्ति नहीं है

सुनने में भले विचित्र लगेगा, परंतु यह किसका जीवन है?

जो लोग इस प्रश्न का झट से यही उत्तर देंगे, "मेरा जीवन निश्चित रूप से मेरा है," आइए, एक क्षण के लिए विचार करें।

बौद्ध धर्म में, *जोमयो* शब्द का अर्थ, किसी की पूर्वनिश्चित जीवन अवधि है। हममें से प्रत्येक का अपना *जोमयो* है। जिस क्षण हमारा जन्म होता है, हमारे जीवन की अवधि तय हो जाती है। परंतु हममें से कोई नहीं जानता कि यह कितनी लंबी होगी।

दूसरे शब्दों में, जीवंत होने का अर्थ है कि हमें अपने जीवन का सार्थक से सार्थक उपयोग करना है। जीवन हमारी संपत्ति नहीं - यह एक अमूल्य उपहार है और हमें इसके साथ इस तरह पेश आना है, मानो हमें इसे केवल देख-रेख के लिए सौंपा गया हो। हमें इसे अच्छी तरह सँभालना है और फिर लौटा देना है।

हममें से कुछ लोगों को लंबी आयु का वरदान मिलेगा और हो सकता है कि कुछ लोगों के पास बहुत कम समय बचा हो। यह उपयुक्त नहीं लगता।

परंतु बौद्ध धर्म हमें सिखाता है कि एक सार्थक जीवन को उसकी अवधि से नहीं मापा जाता।

यह अधिक महत्त्व रखता है कि हम इस दिए गए जीवन का प्रयोग कैसे करते हैं।

आप अपने जीवन का प्रयोग कैसे करेंगे?